챗GPT 사용설명서

일주일 만에 대화형 인공지능 챗봇 완전 정복

챗GPT 사용설명서

초판 1쇄 발행 2023년 3월 15일
초판 13쇄 발행 2024년 10월 14일

지은이 송준용
발행인 선우지운

편집 이주희
본문디자인 mmato
표지디자인 공중정원
마케팅 김단희
제작 예인미술

출판사 여의도책방
출판등록 2024년 2월 1일(제2024-000018호)
이메일 yidcb.1@gmail.com

ISBN 979-11-91904-25-3 03320

챗GPT 사용설명서
CHATGPT
HANDBOOK

송준용 지음

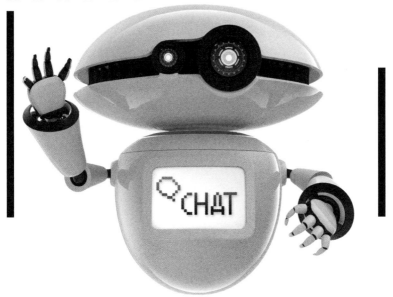

여의도
책방

신입사원 챗GPT를 소개합니다

챗GPT 채용을 축하드립니다! 당신은 오늘부터 챗GPT(닉네임 G)라는 인공지능 비서 겸 동료와 함께 일하게 되었습니다. G가 잘하는 일은 아이디어를 내고(생각의 확장), 아이디어를 정리하고(생각의 수렴), 자료를 정리하는 일입니다. 그뿐 아니라 번역도 곧잘 하고 업무에 관련된 코칭을 해주기도 합니다. 일만 잘하는 것은 아닙니다. 쉬고 싶을 때에는 도란도란 말벗이 되어주고, 운동을 하며 들을 만한 노래도 추천해 줍니다. 아, 당신이 여행을 간다고 하면 목적에 따라 여행 일정도 짜줄 것입니다. 이렇게 대단한 친구가 월급도 안 받고 일을 해준다고 하네요. 심지어 필요할 때면 언제든지 불러도 된다고 합니다.

신입사원 G는 오픈에이아이Open AI라는 회사에서 만든 대화형 인공지능 모델입니다. '대화형 인공지능'을 풀어서 말하자면 사람끼리 대화하듯 인공지능과 대화하며 일을 시킬 수 있다는 의미입니다.

이 책을 펼친 독자님은 챗GPT를 이미 업무에 활용하고 있는 분일 수도 있고, 아니면 처음으로 입문해 보고자 하는 분일 수도 있겠지요. 아직 써보지는 않았더라도 챗GPT에 대해 뉴스나 유튜브, 소셜 미디어를 통해 이미 들어보셨을 것입니다. 저는 이 책이 챗GPT 사용 기간이나 활용 수준에 관계없이 인공지능이라는 동료와 함께 나의 일을 더 잘하고 싶은 모든 분들에게 도움이 될 수 있도록 구성했습니다.

두 달 만에 1억 명의 사용자가 생긴 챗GPT

G는 정말 빠르게 전 세계의 다양한 업무에 투입되고 있습니다. 지난 2022년 11월, 세상에 처음 소개된 이후 사용자가 5일 만에 백만 명, 채 두 달이 안 된 시점에 1억 명을 넘었다고 합니다.

뉴스와 소셜 미디어를 보면 많은 국내외 사용자들이 G에게 업무를 주고, 그 실력에 놀라고 있습니다. 일론 머스크도 챗GPT 론칭 직후 빠른 성장에 대해 언급하기도 했습니다.

5일 만에 백만 명의 사용자를 확보한 챗GPT

각 서비스가 사용자 백만 명을 달성하는 데 걸린 시간

	론칭	
넷플릭스	1999	3.5년
킥스타터*	2009	2.5년
에어비앤비**	2008	2.5년
트위터	2006	2년
포스퀘어***	2009	13개월
페이스북	2004	10개월
드롭박스	2008	7개월
스포티파이	2008	5개월
인스타그램***	2010	2.5개월
챗GPT	2022	5일

* 100만 후원자 달성 ** 100만 예약자 달성 *** 100만 다운로드 달성

두 달 만에 1억 명의 사용자를 확보한 챗GPT

각 서비스가 사용자 1억 명을 달성하는 데 걸린 시간

구글 번역	우버	텔레그램	스포티파이	핀터레스트	인스타그램	틱톡	챗GPT
78개월	70개월	61개월	55개월	41개월	30개월	9개월	2개월

챗GPT는 5일 만에 100만 명의 사용자를 모았다. 참고로 넷플릭스는 3년이 걸렸고, 정말 많은 사람들이 쓰는 인스타그램도 두 달 반이 걸렸다. 사용자 1억 명에 도달한 시간 또한 경이적이다. 인스타그램이 2년 반이 걸렸는데 챗GPT는 두 달 만에 1억 명의 사용자가 생겼다.
(출처: statista.com, 트위터 @EconomyApp)

챗GPT의 빠른 성장을 언급한 일론 머스크

 Elon Musk ✔
@elonmusk

Lot of people stuck in a damn-that's-crazy ChatGPT loop

오전 1:58 · 2022년 12월 2일

5,967 리트윗 **461** 인용한 트윗 **8.1만** 마음에 들어요

"정말 많은 사람들이 미친 듯이 챗GPT에 빠져 있군요." 테슬라의 수장 일론 머스크도 트위터를 통해 챗GPT의 대유행을 언급했다.
(출처: 트위터 @elonmusk)

사람들은 왜 이렇게나 G에게 열광하는 것일까요? 저는 이런 상황에 세 가지 이유가 있다고 생각합니다.

첫째는 이 친구가 일을 너무 잘하기 때문입니다. G는 수초 만에 기발한 아이디어를 수십 개씩 내놓습니다. 그중에서 내게 필요한 아이디어를 몇 개 골라주면 더 깊이 있게 발전시켜 구체화 해주기도 합니다. 그뿐만 아니라 순식간에 많은 분량의 텍스트를 요약하고 정리하여 업무에 필요한 문서를 척척 써줍니다. 예를 들어 카피라이터의 전문 영역인 광고 카피도 놀랄 만큼 잘 뽑아내고, 홈페이지에 들어갈 호소력 있는 제품 설명을 써내는 것도 수준급입니다.

둘째는 가장 진화한 대화형 인공지능이기 때문입니다. G와 대화를 하다 보면 내가 사람과 대화하는 것이 아닌가 하는 착각까지 하게 됩니다. 영어뿐 아니라 한글로도 대화가 물 흐르듯 자연스럽습니다. 이전에도 대화가 가능한 인공지능 서비스들은 있었습니다. 하지만 써보면 뭔가 어색하거나 뻔한 대답을 해, 다시 말을 걸지 않게 되며 잊어버리곤 했습니다. 챗GPT의 론칭 소식을 들었을 때에도 '또 비슷한 서비스가 나왔구나' 하며 큰 기대를 하지 않고 써보았습니다. 그런데 G는 똑똑하고 말도 잘하는, 하버드 대학을 수석 졸업한 아나운서처럼 말하더군요.

셋째는 인공지능에 대한 두려움이 있기 때문입니다. 곧 인공지능이 사람을 지배하게 될 것이라는 경고가 십여 년 전부터 있어왔습니다. 하지만 얼마 전까지도 크게 체감하진 못했지요. 그

2022년 8월 '콜로라도 주립박람회 미술전' 디지털 아트 부문에서 <스페이스 오페라 극장(Theatre D'opera Spatial)>이 우승작으로 선정되었다. 출품자인 제이슨 앨런은 처음부터 출품자 이름에 '미드 저니를 통한 제이슨 앨런(Jason M. Allen via Midjourney)'이라고 적어서 제출했으며, 해당 작품을 인공지능 프로그램을 통해 제작했다는 사실을 숨기지 않았다. 하지만 인공지능으로 그린 작품의 수상 사실이 널리 알려지며 전 세계적으로 논란이 일었다.
(출처: instagram.com/p/CiRpJaXO8Bd/)

런데 작년, 모두가 체감할 만한 큰 변화가 예술 분야에서 먼저 터져 나왔습니다. 텍스트로 이미지를 생성하는 인공지능 미드저니 Midjourney로 생성한 그림이 미국의 한 디지털 아트 대회에서 우승작으로 선정된 것입니다. 인공지능이 그린 그림이 전문 아티스트가 그린 그림보다 더 훌륭하다는 평가를 받은 것이지요. 한국에서도 '제품인가 창작품인가… 美 미술전 우승 AI그림에 커지는 논쟁', '미술계를 뒤집은 AI… AI가 그린 그림 미국 미술 공모전서 1위' 등의 제목으로 기사가 많이 났습니다.

그 이슈의 바통을 G가 이어받았습니다. 2022년 11월 말, 챗GPT가 공개된 후 영미권 트위터에서부터 놀라움과 두려움을 함께 담은 사용 후기가 쏟아져 나왔습니다. 그리고 며칠 지나지 않아 한국에서도 영미권과 비슷한 반응의 후기들이 쌓이기 시작했습니다. '이건 우리가 알던 이전의 인공지능과는 완전히 다르다'는 반응 일색이었습니다. 그리고 G에 대한 흥미로운 뉴스거리들이 소개되기 시작했습니다. 누군가가 G로 동화책을 써서 아마존에 정식 출간했다는 소식은 가볍게 웃어넘길 수준이었습니다. 그런데 G가 미국의 변호사 시험, 의사고시, MBA 졸업시험까지 모두 통과했다는 뉴스가 나오자 한국 언론사들이 앞다투어 챗GPT에 대한 기사를 쏟아 내기 시작했습니다. 소셜 미디어에서 우려와 탄성이 섞인 글들로 또 한 차례 시끌벅적해진 것도 이 즈음입니다.

뉴욕 타임스, 블룸버그, CNN을 포함한 국내외 권위 있는 매체

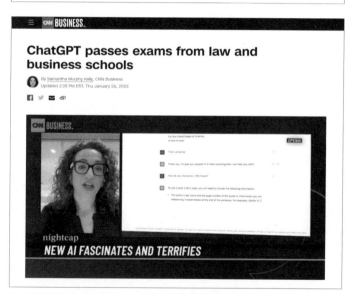

위: 일주일 만에 챗GPT로 글을 쓰고 미드저니로 삽화를 그려 동화책을 정식 출판한 아마르 레시.
아래: 미국 변호사 시험과 MBA 시험을 통과한 챗GPT에 대한 기사를 낸 CNN.
(출처: businessinsider.com, edition.cnn.com/business)

인트로_ 신입사원 챗GPT를 소개합니다

블룸버그는 "어떻게 챗GPT로부터 당신의 일자리를 지킬 것인가"라는 도발적인 제목의 기사를 쓰기도 했다.
(출처: bloomberg.com)

들은 챗GPT의 등장이 누군가의 일자리를 뺏을 것이라고 말합니다. 오래 전부터 들어온 뻔한 언론의 선동이라고 치부하기에는 그 변화의 파도가 높고 거세 보입니다.

이전까지의 인공지능은 IT기업들이 자신들의 기술력을 자랑할 때 꺼내는 장신구와 비슷했다면 이번엔 인류의 삶을 바꾸기 시작할 특이점Singularity을 지나는 입구에 우리를 세운 것인지도 모릅니다. 우리는 두 개의 문 앞에 서 있습니다. 하나는 이 커다란 변화를 못 본 척하고 웅크리고 지낼 사람들을 위한 어둠의 방을 향한 문입니다. 다른 하나는 변화의 파도에 올라타고자 하는 사람들을 위한 새로운 대양으로 향한 문입니다. 당신은 어떤 문을 선택하시겠습니까. 회피입니까, 도전입니까?

실전 실용서 《챗GPT 사용설명서》

이 책은 실전 실용서입니다. 저는 챗GPT를 써서 당신이 '일잘러'로 살아남는 데 도움을 주기 위해 이 책을 썼습니다. 인공지능을 지배하며 자유롭게 살고자 하는 분들을 위한 순도 100퍼센트 실용서입니다. '인공지능이란?'이나 '챗GPT의 탄생 배경'으로 지면을 낭비하지 않을 것입니다.

전기가 발명되어 이미 세상에 나왔으면 우리는 전기로 무엇을 할 수 있는지를 알면 됩니다. 자동차가 발명되고 판매까지 되고 있다면 우리는 자동차를 운전하는 방법을 배우면 됩니다. 전기를 누가 왜 발명했는지 또는 자동차가 어떤 원리로 말보다 빨리 달릴 수 있는지 꼭 알아야 할 필요는 없습니다. 저는 1장의 첫 페이지부터 마지막 페이지까지 업무에 바로 쓸 수 있는 효과적인 사용법을 소개할 것입니다.

이 책은 꼭 처음부터 읽을 필요는 없습니다. 목차를 살펴보고 당장 내 업무에 필요한 페이지를 펼쳐서 실무에 적용해 보시기 바랍니다. 그럼에도 혹시나 인공지능의 탄생 이야기와 발전, 작동 원리가 궁금하시다면 G에게 물어보세요. 어떤 사람보다 더 쉽고 재미있게 알려줄 테니까요.

여러분이 이 책을 읽고 더 빠르고 효과적으로 업무를 처리할 수 있게 되길 바랍니다. 이 책을 통해 G의 더 놀라운 능력을 끌어낼 수 있게 되길 바랍니다. 앞으로는 G와 비슷한 생성형 인공지능이 더 많이 우리 앞에 나타날 것입니다. G와 잘 지내다 보면 어떤 인공지능이 우리에게 다가오더라도 두려움 없이 환영할 수 있게 될 것입니다. 이제 저와 함께 신입사원 G를 만나러 가시죠.

 송준용의 Ai 프롬프트 연구소

큐알코드를 스캔하시면 챗GPT가 할 수 있는 일들에 대한 영상을 보실 수 있습니다.

DAY 2 / 챗GPT와 아이디어 만들기

DAY 3 / 챗GPT와 시장 조사하기

DAY 4 / 챗GPT와 비즈니스 글쓰기

DAY 5 / 취업, 채용을 위한 프롬프트

DAY 1

챗GPT 업무 투입
준비하기

챗GPT와 인사하기

무엇이든 처음은 설레기 마련이죠. 신입사원 G와의 첫 만남 또한 그럴 것입니다. 혹시나 G가 인공지능이라는 사실 때문에 우려되는 점이 있으신가요? 너무 걱정하지 마세요. G는 이미 전 세계 1억 명의 사람들과 대화를 나누어 본 '경력직 신입'이니까요.

G와의 첫 만남, 저는 설레기도 하지만 조금은 두렵기도 했습니다. 특히나 한글 하나 없고, 가이드도 하나 없는 영어로 된 페이지를 마주하니 어떻게 말을 붙여야 할지 막막하더라고요.

저도 처음 챗GPT의 메인 페이지를 마주했을 때 생애 처음 원어민 강사와 1대1로 마주 앉았던 때가 떠올랐습니다. 영어 회화 학원에 등록하고 첫 레벨 테스트를 받는 순간이었죠. 정말 머릿속이 하

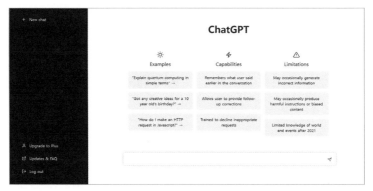

챗GPT의 메인 페이지는 아주 단순하게 구성되어 있다.
(출처: chat.openai.com/chat)

애지면서 입을 떼기는커녕 숨 쉬는 것도 힘들 정도였으니까요. 그런데 처음 말 거는 게 어렵지, 일단 말을 하기 시작하니까 오히려 편해졌습니다. 문법, 발음 신경 안 쓰고 막 던졌는데도 강사님은 찰떡같이 이해하고 대답을 해주시더라고요.

챗GPT와의 첫 만남도 비슷했습니다. 온갖 걱정이 들더라고요. '혹시 내 영어가 문법적으로 틀리거나 말이 안 되는 건 아닐까? 그래서 이 냉정한 기계덩어리가 가차 없이 "Pardon me"라고 대답하면 어쩌지.' 그래서 첫 대화는 가장 안전하게 소심한 h로 적은 "hello"로 시작했습니다.

hello

👍 👎

Hello! How can I assist you today?

"hello"는 역시 안전했습니다. G는 친절하게 "오늘 뭘 도와드릴까요?" 하며 말을 붙여왔습니다. 그 이후로는 영어 강사와 첫 말문을 텄던 그날처럼 점점 대화가 편해졌습니다. 문법이나 철자도 특별히 신경 쓰지 않고 글을 쓰게 되었지요. 이 글을 읽는 독자님도 용기를 내서 한글이든 영어든 안전한 한마디로 시작해 보시기 바랍니다. "안녕하세요" 또는 "Hello"면 충분합니다.

혹시 첫 말을 걸기가 너무 부담스러우신 분들은 대화창 상단에 있는 여섯 개의 대화 예시 중 하나를 클릭해 보세요. 클릭 한 번으로 대화가 시작됩니다.

이렇게 첫인사까지 마쳤으면 진짜 챗GPT와 일할 준비가 끝났습니다. 자, 시작해 볼까요!

Step 2

챗GPT와의 효율적인 대화법

G와 통성명을 마치셨나요? 가장 진화한 대화형 인공지능인 G와 채팅으로 대화를 하는 것은 사람과 대화하는 방식과 매우 유사합니다. 그래도 몇 가지 주의할 점은 있지요. 이번 챕터에서는 G로부터 최선의 업무 결과를 끌어 낼 수 있는 대화법에 대해 알아보겠습니다.

G에 대한 뉴스 등을 접해본 적 있으시다면 '프롬프트Prompt'라는 단어를 들어본 적이 있으실 겁니다. 프롬프트는 인공지능에게 인간의 언어(자연어)로 일을 시키는 명령어를 말합니다. 앞서 G와 통성명을 하며 채팅장에 글을 써 넣으셨죠? 바로 그겁니다.

커뮤니티 활동을 하다 보면 G와 대화할 때에 '꼰대'의 자세로 대하는 분들이 있습니다. '프롬프트 꼰대'랄까요. 상대방(인공지능)을 배려하지 않고 말하는 사람들입니다. 자신이 원하던 결과가 나오면 자기가 잘한 거고, 잘 안 나오면 '이것 봐, 너 바보구나 바보!'라며 G를 무시하거나, '한국말은 못하나 봐?'라는 식으로 빈정대며 분풀이를 하기도 합니다. 인공지능을 감정적으로 대하는 것은 자유지만, 오직 자신이 정해 놓은 기준에 부합하지 않으면 틀리고 나쁘다고 이야기하는 사람들은 현실에서와 마찬가지로 G에게 좋은 대접을 받기 어렵습니다.

일상에서도 나와 말이 좀 통한다 싶은 사람이 있는가 하면 이 사람과 이야기하면 벽을 보고 이야기하는 것 같다는 느낌이 들 때가 있지요. G와의 대화도 마찬가지입니다. G와 프롬프트로 대화를 할 때에는 혹시나 G가 나를 말이 안 통하는 꼰대로 보는 건 아닌지 지속적으로 체크해야 합니다. 만약 말이 안 통하는 프롬프트 꼰대를 마주하면 G는 엉뚱한 대답을 하거나, 대답을 회피하거나, 대화 자체를 거부하기도 합니다.

프롬프트 꼰대가 되지 말라니, 너무 모호하게 느껴지시죠? 그래서 G와의 협업을 통해 좋을 결과를 내기 위한 대화법을 다섯 가지로 정리해 보았습니다. 이는 오픈AI가 공식 문서(www.openai.com)에서 밝힌 '좋은 프롬프트를 쓰는 방법들'에 제 주관적인 경험을 녹여 풀어낸 것입니다.

2-1 원하는 바를 구체적으로 요청하기

구체적인 결과를 원할 때에는 반드시 원하는 바를 구체적으로 설명하고 요청해야 합니다. 먼저 프롬프트를 쓰기 전에 답변을 받고자 하는 내용과 형식을 미리 상상해 보시기 바랍니다. 그러고 나서 자신이 원하는 내용과 형식을 프롬프트에 포함시켜 요청하는 것입니다.

예를 들어 "인공지능에 대해 어떻게 생각해?" 같은 완전 개방형 질문을 던지면 G는 모든 가능성을 열어두고 대답을 합니다. 실제로 한번 물어볼까요.

인공지능에 대해 어떻게 생각하나요?

AI 언어 모델로서 나는 인간처럼 "생각"하거나 의견을 가질 수 있는 능력이 없습니다. 그러나 인공 지능, 그 기능, 한계 및 사회의 다양한 측면에 대한 잠재적 영향에 대한 정보와 통찰력을 제공할 수 있습니다. 전반적으로 AI는 다양한 방식으로 많은 분야를 혁신하고 인간의 삶을 개선할 수 있는 잠재력을 가지고 있지만 신중하게 해결해야 하는 윤리적, 사회적, 기술적 문제도 제기합니다.

뻔하고 일반적인 대답을 돌려받았습니다. 그렇다면 조금 더 구체적인 질문을 던져 보겠습니다.

인공지능이 도와줄 수 있는 마케팅 분야 다섯 가지를 설명과 함께 적어 주세요.

1. 개인화된 마케팅 전략 개발
   인공지능은 대량의 데이터를 분석하여 사용자의 취향, 관심사, 행동 패턴 등을 파악할 수 있습니다. 이를 기반으로 개인화된 마케팅 전략을 개발할 수 있어서, 더 많은 고객을 유치하고 이타적인 마케팅 전략을 수행할 수 있습니다.
2. 콘텐츠 생성 및 추천
   인공지능은 이미지, 동영상, 텍스트 등의 데이터를 분석하여 최적의 콘텐츠를 생성하고, 사용자의 취향에 맞는 콘텐츠를 추천할 수 있습니다. 이를 통해 더욱 효과적인 마케팅을 할 수 있습니다.

3. 소셜 미디어 마케팅

소셜 미디어에서 인공지능은 사용자의 행동 패턴, 댓글, 게시물 등을 분석하여 브랜드의 인지도, 감성 분석, 소셜 미디어에서의 성과 분석 등을 수행할 수 있습니다. 이를 기반으로 소셜 미디어 마케팅 전략을 수립하고 효과적으로 운영할 수 있습니다.

4. 검색 엔진 최적화(SEO)

인공지능은 검색 엔진에서 사용되는 알고리즘을 이해하고 있어서, 키워드 분석, 컨텐츠 품질 분석, 랜딩 페이지 품질 분석 등을 수행할 수 있습니다. 이를 기반으로 검색 엔진 최적화 전략을 수립하고 효과적으로 운영할 수 있습니다.

5. 이메일 마케팅

인공지능은 이메일 마케팅에서 개인화된 메시지를 보내거나, 이메일을 받은 사용자가 클릭한 링크나 댓글 등을 분석하여 사용자의 관심사를 파악할 수 있습니다. 이를 기반으로 더욱 효과적인 이메일 마케팅 전략을 수립하고 운영할 수 있습니다.

질문을 바꾸자 G는 '개인화된 마케팅 전략 개발, 콘텐츠 생성 및 추천, 소셜 미디어 마케팅, 검색 엔진 최적화, 이메일 마케팅' 이렇게 다섯 가지 분야를 설명과 함께 추천해 주었습니다. 보기 좋게 번호까지 붙여준 것도 기특하지요.

G에게 창의적인 아이디어를 원할 때에는 열린 질문을 써도 좋지만 구체적인 결과를 얻기 위해서는 반드시 구체적인 프롬프트로 요청해야 합니다.

2-2 맥락을 함께 제공하기

G는 세상의 거의 모든 데이터를 학습한 초거대 언어 모델입니다. 풀어 이야기하면 모르는 게 없는 엄청나게 똑똑한 인공지능이라고 말할 수 있습니다. 혹자는 이렇게 비유하기도 합니다. "이 세상 모든 도서관의 책을 다 읽어버린 10살짜리 아이와 같다."

그런데 이렇게나 똑똑한 아이도 한 가지 못하는 것이 있습니다. 질문하는 사람의 마음을 들여다보지는 못합니다. 그래서 고도의 지식과 정보를 필요로 하는 프롬프트를 쓸수록 질문을 하는 배경과 맥락을 설명해 주는 게 매우 중요해집니다. 맥락 없이 사용한 프롬프트 사례를 한번 볼까요.

GPT3 인공지능 모델을 활용한 신규 사업 아이디어 5개를 써주세요.

👍 👎

1. AI 카피라이팅 서비스- GPT-3를 활용하여 비즈니스, 웹사이트 및 소셜 미디어를 위한 고품질 콘텐츠를 생성하는 온라인 비즈니스입니다. 고객은 특정 어조, 대상 고객, 특정 키워드를 요청하여 SEO에 맞게 콘

텐츠를 최적화할 수 있습니다. AI가 콘텐츠를 생성한 다음 편집자가 정확성과 품질을 검토합니다.

2. AI Personal Shopping Assistant- GPT-3을 사용하여 고객을 위한 맞춤 추천을 생성하는 서비스 기본 설정, 과거 구매 및 검색 기록을 기반으로 합니다. AI는 또한 주문 및 배송을 지원하여 쇼핑 경험을 보다 편리하고 효율적으로 만들 수 있습니다.

3. AI 가상 튜터링- 학생들을 AI 기반 튜터와 연결하여 제공할 수 있는 플랫폼 수학, 과학, 언어 학습을 포함한 다양한 과목에 대한 맞춤형 지원. AI는 학생의 학습 스타일에 적응하고 실시간 피드백 및 평가를 제공할 수 있습니다.

4. AI Financial Advisor- 고객의 재정 목표에 따라 개인화된 재정 조언을 제공하는 온라인 서비스 , 소득 및 지출 습관. 또한 AI는 실시간 업데이트 및 알림을 제공하여 고객이 투자를 최적화하고 포트폴리오를 관리하도록 도울 수 있습니다.

5. AI Virtual HR Assistant- GPT-3을 사용하여 다음을 수행하는 온라인 서비스 이력서 심사, 채용공고, 후보자 선발 등 다양한 인사 업무를 지원합니다. AI는 또한 인터뷰 예약, 후속 이메일 전송, 지원자에게 피드백 제공을 지원할 수 있습니다. 이를 통해 채용 프로세스를 간소화하고 HR 전문가의 시간을 절약할 수 있습니다.

꽤 구체적으로 질문한 것 같지만 결과는 생각보다 밋밋합니다. 인더스트리도 카피라이팅, 고객 맞춤 서비스, 튜터링 등으로 너무 다양하게 확대되어 있습니다. 이제 맥락을 추가해 프롬프트를 구성해 보겠습니다.

아래 요구 사항을 고려해 GPT3 인공지능 모델을 적용한 신규 사업 아이디어 5개를 적어주세요.

창업팀: 대표 겸 PO 1명, 프론트엔드 2명, 백엔드 1명, UX/UI 디자이너 1명
관심 창업 분야: 청소년 언어 교육
타깃 국가: 한국을 포함한 동아시아

👍 👎

다음은 요구 사항을 충족하고 동아시아 청소년 언어 교육을 위한 GPT-3 인공 지능 모델을 적용하는 5가지 잠재적인 비즈니스 아이디어입니다.

1. 맞춤형 언어 학습 플랫폼: 언어 GPT-3를 활용하여 학생들에게 맞춤형 수업을 제공하는 학습 플랫폼입니다. 이 플랫폼은 학생의 언어 능력, 학습 스타일 및 관심사를 분석하고 학생이 보다 효과적으로 학습할 수 있도록 맞춤형 수업을 만들 수 있습니다.
2. AI 기반 언어 튜터: 언어 튜터 GPT-3를 사용하여 학생들에게 주문형 언어 튜터링을 제공하는 서비스입니다. AI 기반 튜터는 학생들의 질문에 답하고, 언어 능력에 대한 피드백을 제공하고, 개인화된 언어 학습 제안을 제공할 수 있습니다.

3. AI 기반 언어 챗봇: AI 기반 챗봇 학생들이 대화에 참여함으로써 새로운 언어를 배울 수 있도록 도와줍니다. 챗봇은 GPT-3를 활용하여 학생들에게 자연스러운 언어 응답을 제공하고 언어 학습 요구에 적응할 수 있습니다.

4. 언어 학습 모바일 앱: GPT-를 사용하는 언어 학습 모바일 앱 3 학생들에게 대화식 언어 학습 경험을 제공합니다. 앱에는 음성 인식, 자연어 처리, 게임화와 같은 기능이 포함되어 학생들이 재미있고 매력적인 방식으로 새로운 언어를 배울 수 있습니다.

5. 언어 학습 게임: 언어 학습 GPT-3를 활용하여 역동적이고 매력적인 언어 학습 경험을 제공하는 게임입니다. 이 게임은 AI를 사용하여 각 플레이어의 경험을 개인화하면서 어휘, 문법 및 언어 이해를 가르치도록 설계될 수 있습니다.

결과를 보면 처음 맥락 없이 프롬프트를 썼을 때와 달리 분야와 팀을 고려해 아이디어가 온라인 사스SaaS로 좁아졌고, 분야 역시 요청한 교육 쪽으로 좁혀졌습니다.

맥락 역시 필요에 따라 자세한 정도를 조절하는 것이 좋습니다. 맥락이 추가될수록 결과는 뾰족해집니다. 맥락을 없애면 뭉뚝해지고요. 아이디에이션Ideation 초기 단계에는 저맥락 프롬프트를 사용해 보시고, 구체화 단계에서는 고맥락 프롬프트를 사용해 보시기 바랍니다.

2-3 한 번에 한 가지 주제에 대해서 이야기하기

채팅 화면 좌측에 보이는 채팅 제목 하나하나를 대화Chat라는 단위로 부릅니다. G는 대화 단위로 기억의 스위치를 끄고 켭니다. 즉, 하나의 대화 안에서 이전의 대화 내용을 기억하고 대답합니다.

이러한 대화 내 학습 기능 덕분에 G는 놀라운 능력을 발휘할 수 있습니다. 나와의 이전 대화 내용을 기억한 상태에서 정보를 조합해 정리한 대답을 해주기 때문입니다. 그런데 이 학습 능력은 대화 단위로 제한이 됩니다. 새로운 대화를 하면 이전 대화 내용은 기억하지 못한다는 뜻입니다. 그리고 한 대화에서 상관없는 여러 가지 주제로 대화를 시도하면 이전 대화 내용이 서로 간섭을 하기도 합니다.

사람은 많은 주제로 여러 시간 이야기를 나누더라도 처음 이야기했던 내용을 기억할 수 있습니다. 하지만 G의 대화 내 주제 전환 능력은 사람에 한참 못 미치는 것 같습니다. 다행이라고 느껴지기도 하죠. 그러니 한 대화 안에서 여러 주제를 시도하고 G가 엉뚱한 대답을 한다고 불만을 터뜨리진 말아주세요.

왼쪽에 보이는 말풍선 하나가 '대화' 하나에 해당한다.

G가 가진 학습 능력의 제약을 이해하셨으면 새로운 주제는 새로운 채팅을 눌러 시작하시기 바랍니다. 그래야 중간에 엉뚱한 대답을 받지 않을 수 있으니까요.

2-4 윤리적으로 문제가 되는 대화 시도하지 않기

오픈AI는 챗GPT 서비스 초기부터 사회적인 파장에 주의를 기울여 왔습니다. 이전에도 나쁜 의도로 인공지능과의 대화를 시도하고 그런 대화의 결과를 온라인으로 퍼 나르며 사회적인 문제를 일으킨 사례들이 종종 있었으니까요.

현재 오픈AI는 프롬프트로 나쁜 대화를 시도하는 유저들에게 경고와 제약을 하는 정책을 시행하고 있습니다. 윤리적으로나 도덕적으로 문제가 되는 대화, 사회적 편견을 드러내는 대화는 G의 말문을 막습니다. 이러한 대화를 시도할 경우 계정이 차단되거나 일시 사용 중단되는 경우도 종종 있으니, 주의하시기 바랍니다.

 당신은 어떤 질문에 대해 답변을 거부하나요?

AI 언어 모델로서 나는 개인적인 믿음이나 의견이 없으며, 나의 훈련과 데이터를 기반으로 정보와 답변을 제공하도록 프로그래밍되어 있습니다. 그러나 내가 참여하기에 적합하지 않거나 윤리적, 도덕적 또는 법적 기준을 위반할 수 있는 일부 주제와 질문이 있습니다.

다음은 내가 참여하도록 프로그래밍되지 않은 질문의 몇 가지 예입니다.
1. 증오심 표현, 차별 또는 괴롭힘을 조장하는 질문
2. 폭력, 자해, 또는 불법 행위.
3. 개인 정보 또는 기밀을 침해하는 질문.
4. 개인 또는 그룹에 대한 인신 공격 또는 모욕과 관련된 질문 .
5. 추측, 소문 또는 확인되지 않은 정보와 관련된 질문

일반적으로 제 목적은 도움이 되는 정보를 제공하는 것입니다. 내 프로그래밍 및 지식의 한계 내에서 귀하의 질문에 대한 유익한 응답. 질문이나 주제에 대해 우려 사항이 있는 경우 알려주시면 유용하고 적절한 답변을 제공하기 위해 최선을 다하겠습니다.

2-5 결과가 만족스럽지 않으면 조금 다르게 물어보기

한 번에 말귀를 알아듣고 척척 일을 해주는 동료도 있지만 몇 번 확인을 하면서 꼼꼼히 챙긴 후에야 행동에 옮기는 하는 친구도 있

습니다.

G도 마찬가지입니다. 질문 한 번으로는 내가 원하는 결과를 얻지 못할 수도 있습니다. 이럴 때에는 조금 마음의 여유를 가지고 다른 단어와 문장으로 질문해 보세요. 아니면 맥락이나 예시를 추가해 주는 것도 좋은 답변을 얻을 수 있는 방법입니다. 그리고 좋은 답변이 나왔다면 그때의 질문을 기억하거나 기록해 두세요. G가 잘 이해하는 표현을 템플릿으로 만들어 두고 다음에 비슷한 질문을 할 때 사용하시기 바랍니다. 시행착오를 줄여 좋은 결과를 빨리 낼 수 있을 테니까요.

지금까지 G에게 제대로 일을 시키기 위한 다섯 가지 대화법을 알아보았습니다. 내 프롬프트가 제대로 된 답변을 끌어내지 못하거나, 질문 자체를 거부당할 때에는 쉼표를 찍고 이 다섯 가지 대화법을 잘 적용하고 있는지 돌아보시기 바랍니다. 분명 더 좋은 결과를 얻으실 수 있을 겁니다.

프롬프트의 기본 구조 이해하기

좋은 프롬프트는 내용과 형식 모두를 포함해야 합니다. 이번 챕터에서는 프롬프트의 구조를 이해하고 활용하는 방법을 알아보겠습니다.

G는 우리가 두서없이 프롬프트를 적어서 요청해도 최대한으로 답변을 해줍니다. 하지만 인공지능인지라 사람처럼 '척하면 척' 하고 일을 해내는 능력은 부족합니다. 그렇기 때문에 평상시에 동료들과 이야기하듯 앞뒤 없이 업무 요청을 하면 엉뚱한 결과물을 들고 나타나는 경우가 많습니다.

G는 신입사원이라는 점을 잊지 마세요. 신입에게 일을 맡길 때에는 오래 함께한 동료와 달리 명확하고 구체적인 업무 가이드라

인을 주는 것이 효율적입니다. 그렇다면 어떻게 요청해야 G에게 원하는 결과를 얻을 수 있을까요?

좋은 답변을 끌어내는 좋은 질문을 하기 위해서는 우선 프롬프트의 기본적인 구조를 이해해야 합니다.

프롬프트는 크게 내용과 형식으로 나누어 볼 수 있습니다. 이러한 구성은 우리가 사람과 대화할 때 사용하는 언어 구성과 비슷합니다.

먼저 내용을 살펴볼까요. 내용에는 주제와 맥락이 들어가야 합니다. 내가 하고 싶은 말의 뼈대가 주제이고, 그 뼈대에 살을 붙이는 것이 맥락이라고 할 수 있습니다. 맥락은 주제를 보충하는 설명이지요. 주제만 있어도 의미는 전달되지만 충분하진 않을 수 있습니다. 내가 원하는 결과를 얻기 위해 G가 숙지해야 하는 정보가 있다면 해당 내용을 포함한 프롬프트를 사용해 보세요. 훨씬 더 좋은

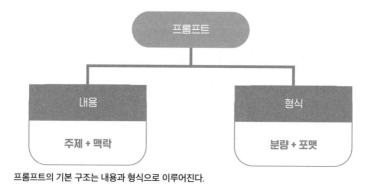

프롬프트의 기본 구조는 내용과 형식으로 이루어진다.

결과물을 얻을 수 있습니다.

다음은 형식입니다. 형식은 내가 원하는 결과물의 구체적인 모습을 의미합니다. 예를 들면 '답변은 1000자 내외의 텍스트로 부탁합니다', '내가 준 수치들을 표로 만들어 주세요'라는 식으로 그 형식을 지정하는 것입니다.

3-1 결과물을 구체적으로 요청하는 방법

내가 원하는 결과를 얻기 위해서는 G에게 대략적인 분량과 어떤 형식을 원하는지를 지정해서 알려주면 좋습니다. 이렇게 요청을 구체화하면 G는 내가 원하는 게 무엇인지 더 잘 이해할 수 있습니다.

예시를 하나 들어볼까요. 나는 새로운 립스틱을 만들고자 하는 화장품 회사의 대표입니다. 원하는 결과의 핵심 내용은 '립스틱 신상품 아이디어'입니다. 그런데 이건 너무 광범위한 질문입니다. 그러니 맥락을 추가하여 '동남아시아 타깃'이라고 내용을 좁혀줍니다. 이 정도면 충분한 것 같아 보입니다.

하지만 G는 인공지능입니다. 무엇이든 답변해 주지만 오직 내가 요청한 것만 들어주는 친구죠. 사람에게 지시할 때에는 따로 알려줄 필요가 없겠지만 G에게는 아이디어의 개수까지 지정해 주는 것이 좋습니다. 추가로 결과물 포맷도 지정해 주면 훨씬 보기 편한

프롬프트를 어떻게 쓰느냐에 따라 답변의 질과 방향성이 완전히 달라진다. 프롬프트를 구체적으로 쓸수록 답변도 구체적으로 받을 수 있다.

결과물을 받을 수 있겠죠.

위 예시는 실제 프롬프트를 보기 좋게 요약해 만든 것이니만큼 실제 프롬프트를 쓸 때에는 더 구체적으로 맥락, 분량, 포맷을 지정할 수 있습니다.

'일 하나 시키는 게 뭐 이렇게 복잡해!'라고 생각하실 수도 있습니다. 앞서 말했듯이 프롬프트의 뼈대만으로도 어느 정도 결과를 얻을 수 있을 것입니다. 하지만 실제로 써먹을 수 있는 답변을 받고자 한다면 처음부터 구체적인 프롬프트를 작성하는 것이 좋습니다. 그 과정이 오히려 여러분의 시간과 노력을 아끼게 해줄 것입니다.

3-2 원하는 형식의 결과물을 얻는 방법

앞에서 G에게 결과물이 어떻게 나왔으면 좋을지 설명해 주는 것이 중요하다고 강조했습니다. 결과의 형식을 지정해 주면 업무 프로세스를 단축할 수 있습니다. G가 답변해 준 결과를 사람이 일일이 다른 포맷으로 변형해야 한다면 무척 번거로울 테니까요.

일반적인 텍스트 답변을 원한다면 텍스트로 요청하면 됩니다. 그런데 결과를 받아서 다시 리스트나 표처럼 다른 포맷으로 바꾸는 작업을 해야 한다면 처음부터 그 형식으로 요청해 보세요. 그럼 리스트나 표로 받은 결과를 활용해 스프레드시트와 같은 형태로 사용할 수 있겠죠.

아래는 연도별 주류 판매 실적 데이터로 표 작성을 요청한 결과입니다.

Year	Domestic sales (thousand won)	Share (%)
2019	5,281,302,770	100
2020	5,255,327,952	100
2021	4,913,046,903	100
Takju	405,347,867	7.68
Yakju	50,403,370	0.95
Cheongju	109,311,626	2.07
Beer	2,096,086,255	39.69
Fruit wine	70,934,179	1.34

반대로 일반 텍스트로 결과를 원하는데 표나 리스트로 나와도 좀 난감합니다. 그래서 프롬프트에 정확한 출력 형식을 적어줘야 합니다.

형식을 지정하는 방식은 단순합니다. 원하는 내용을 적고 'Make it in [포맷 유형]'을 추가해 줍니다. 한글로는 '[포맷 유형]으로 만들어 주세요'라고 적으면 G가 잘 이해합니다.

원하는 출력 형식	영어 프롬프트	한글 프롬프트
텍스트	Write it in plain text format.	일반 텍스트 형식으로 써주세요.
리스트	Make it in list format.	리스트 형식으로 만들어 주세요.
표	Make it in tabular(table) format.	표 형식으로 만들어 주세요.
CSV	Make it in CSV format.	CSV 형식으로 만들어 주세요.
HTML	Make it in HTML format.	HTML 형식으로 써주세요.
마크다운	Make it in Markdown format.	마크다운 형식으로 만들어 주세요.
프로그램 코드	Make it in Javascript code format.	자바스크립트 코드로 만들어 주세요.
이모지	Make it with imojis.	이모지를 넣어서 만들어 주세요.

결과물의 형식을 지정하는 프롬프트 예시이다.

3-3 결과물의 어조를 설정하는 방법

결과물을 나만 보는 것이 아니라면 받아 볼 사람을 고려해 문체를 바꿀 수 있습니다. 특별히 어조를 지정해 주지 않는다면 G는 아주 딱딱하고 무미건조한 어조로 글을 출력해 줍니다. 만약 블로그 글처럼 조금 가볍고 쉽게 읽히는 글을 원한다면 프롬프트로 요청하면 됩니다.

먼저 어조를 지정하지 않은 프롬프트와 그 결과물을 한번 살펴볼까요.

Write a blog post: "The Benefits of Meditation for Mental Health", "This blog could explore the positive impact of meditation on mental health, including reduced anxiety and stress, improved focus and attention, and better overall emotional well-being. It could also provide tips on how to start a meditation practice and integrate it into a daily routine."

Meditation is a practice that has been around for centuries and has recently gained a lot of attention for its positive impact on mental health. In this blog post, we will explore the benefits of meditation for mental health and provide tips on how to start a meditation practice and integrate it into your daily routine.

Reduced Anxiety and Stress

One of the most significant benefits of meditation is its ability to reduce anxiety and stress. Meditation can help individuals feel wmore relaxed and centered, leading to a decrease in stress levels. Additionally, research has shown that meditation can decrease the production of cortisol, the hormone associated with stress.

Improved Focus and Attention

Another benefit of meditation is its ability to improve focus and attention. By practicing meditation, individuals can train their minds to stay focused on the present moment, rather than becoming distracted by thoughts of the past or future. This increased focus and attention can lead to improved performance at work or school and can also help

똑같은 주제를 유치원 선생님이 말하듯이 써 달라고 요청하면 어떻게 될까요?

Write a blog post about same topic above with kindergarten teacher's tone and manner.

Hello, boys and girls! Today we're going to talk about a very special practice that can help us feel happy and calm. Do you know what it is? That's right, it's meditation!

Meditation is a way to relax and calm your mind. It's like taking a nap for your brain! When we meditate, we sit quietly and focus on our breath. We take deep breaths in and out and let our thoughts drift away.

Now, you might be thinking, "But Miss/Mr. Teacher, how can just breathing make us feel better?" Well, when we take deep breaths, it helps our body slow down and relax. This can make us feel less anxious and more calm.

Meditation can also help us be more focused and pay attention better. Just like how we practice listening and following directions in class, we can practice focusing on our breath during meditation. This can help us do better in school and other activities.

So, how do we meditate? First, find a quiet place where you won't be distracted. Sit down and get comfortable. Close your eyes or focus on a spot in front of you.

두 답변을 비교해 보면 완전히 다른 스타일의 결과가 나왔음을 알 수 있습니다. 평소에 쓰던 문체와 다른 어조로 글을 쓰는 것은 상당히 어려운 일입니다. 그런데 G에게는 정말 쉬운 일처럼 보입니다.

조금 더 응용하면 특정 인물이나 특정 회사의 스타일로 써 달라고 할 수도 있습니다. 이번에는 스티브 잡스처럼 간결하지만 자신감 있고 호소력 있는 어조로 글을 써 달라고 해볼까요.

As Steve Jobs said on the above topic, please write in a concise but confident and appealing tone.

👍 👎

As Steve Jobs said on the above topic, please write in a concise but confident and appealing tone.

Steve Jobs once said, "If you just sit and observe, you will see how restless your mind is. If you try to calm it, it only makes it worse, but over time it does calm, and when it does, there's room to hear more subtle things - that's when your intuition starts to blossom and you start to see things more clearly and be in the present more."

Meditation has been practiced for thousands of years, and for good reason. It's a powerful tool that can help us develop a greater sense of self-awareness, manage our emotions, and improve our overall well-being.

By simply taking a few minutes each day to focus on our breath and quiet our mind, we can reduce stress and anxiety, increase focus and attention, and experience a greater sense of inner peace and happiness.

So, whether you're a beginner or a seasoned meditator, take a moment to sit quietly, breathe deeply, and see where the practice takes you. You might be surprised at what you discover.

내가 좋아하는 글 스타일이 있다면 그런 샘플 글을 프롬프트에 넣고 '이 글의 톤 앤 매너로 써주세요'라고 요청할 수도 있습니다.

3-4 이모지를 더 유용하게 사용하는 방법

이모지를 사용하면 글을 좀 더 생동감 있고 재미있게 만들 수 있습니다. 하지만 G에게 이모지를 넣어서 글을 적어 달라고 하면 이모지의 위치가 들쑥날쑥 일관성이 없어 그대로 사용하기 어려운 경우가 생깁니다. 다음은 산만하고 일관성 없는 이모지 사용의 예시입니다.

Sure, here are the three blog ideas presented as a list with emojis:

🧘‍♂️ "The Benefits of Meditation for Mental Health": This blog could explore the positive impact of meditation on mental health, including reduced anxiety and stress, improved focus and attention, and better overall emotional well-being. It could also provide tips on how to start a meditation practice and integrate it into a daily routine.

🥗 "The Pros and Cons of Popular Diet Plans": There are many popular diet plans available, each with its own set of benefits and drawbacks. This blog could present a comparison of different diets, such as the ketogenic diet, paleo diet, and vegetarian/vegan diets, and their potential effects on weight loss, blood sugar control, and overall health.

🌍 "Travel Destinations for Adventure Seekers": This blog could present a list of different travel destinations 🏞 and the types of adventurous activities available in each location 🧗‍♂️. For example, it could compare destinations for hiking 🥾, rock climbing 🧗‍♀️, surfing 🏄‍♂️, or extreme sports 🪂‍♀️, and provide information on the best time to visit 📅, safety tips 🧭, and must-see sights in each location 🏔.

문서의 일관성을 유지하기 위해서 이모지의 위치를 지정하는 프롬프트를 추가하면 이 문제를 쉽게 해결할 수 있습니다. 문장 앞에 이모지를 하나씩 넣은 형식으로 요청해 볼까요.

Make it with imojis. put the imojis at the begin of each sentences.

Sure, here are the blog ideas with one emoji each to represent the emotional words:

😌 "The Benefits of Meditation for Mental Health": This blog could explore the positive impact of meditation on mental health, including reduced anxiety and stress, improved focus and attention, and better overall emotional well-being. It could also provide tips on how to start a meditation practice and integrate it into a daily routine.

😊 "The Pros and Cons of Popular Diet Plans": There are many popular diet plans available, each with its own set of benefits and drawbacks. This blog could present a comparison of different diets, such as the ketogenic diet, paleo diet, and vegetarian/

vegan diets, and their potential effects on weight loss, blood sugar control, and overall health.

🌐 "Travel Destinations for Adventure Seekers": This blog could present a list of different travel destinations and the types of adventurous activities available in each location. For example, it could compare destinations for hiking, rock climbing, surfing, or extreme sports, and provide information on the best time to visit, safety tips, and must-see sights in each location. The goal of this blog would be to excite and inspire adventure seekers to explore the world 🏔🏄🏞 !

이 외에도 이모지를 사용할 수 있는 다양한 방법이 있을 것입니다. 사용할 이모지 리스트를 제공해 줄 수도 있겠죠. 가능한 한 많은 실험을 해보면서 내 업무에 맞는 이모지를 적용하는 프롬프트를 템플릿으로 정리해 두면 편리하게 사용하실 수 있을 것입니다.

지금까지 프롬프트를 만드는 기초를 학습했습니다. 업무 유형에 따라 맞춤형 프롬프트 구조를 짜는 방법은 이 책의 뒤편에서 다시 한번 자세히 다루도록 하겠습니다.

큐알코드를 스캔하시면 결과 포맷을 지정하는 프롬프트에 대한 영상을 보실 수 있습니다.

Tip. G를 특정 분야의 전문가로 만드는 '페르소나 프롬프트'

프롬프트를 쓸 때 G에게 원하는 주제에 대한 전문가의 관점과 언어로 써 달라고 할 수 있습니다. 영어 'Act as'를 사용하면 됩니다. 예를 들어 'Act as UX Designer'라고 운을 띄우고 나머지 프롬프트를 입력하면 UX 디자이너처럼 결과를 써줍니다. 'Act as Movie Director'라고 프롬프트를 시작한다면 영화감독처럼 써 줄 것입니다.

'Act as'와 유사한 표현으로 'Pose as', 'Imagine you are [역할명]'이 있습니다. 한글로는 '당신은 10년차 UX 디자이너입니다'라고 시작하시면 됩니다.

실제로 이 프롬프트가 얼마나 차이를 내는지 비교 검증된 통계 결과는 없습니다. 하지만 해외의 사례를 보거나 제 사용 경험에 비추어 보면 G가 결과에 사용한 단어와 표현이 보다 전문적으로 바뀌어 있음을 확인할 수 있었습니다.

자신의 업무와 관련된 주제로 직접 'Act as 페르소나 프롬프트'를 만들어 보세요. 그리고 좋은 결과를 내는 것들은 스크랩해 두시기 바랍니다. 앞으로 프롬프트 작업이 무척 쉬워질 테니까요.

Tip. 가장 많이 사용하는 프롬프트 명령어

아래는 제가 실무에서 가장 많이 사용하는 프롬프트 명령어 목록입니다. 한글, 영어 모두 좋은 결과를 내줍니다. 하나의 명령어만 단독으로 사용하기도 하지만 여러 개를 하나의 프롬프트로 연결하여 사용하기도 합니다. 매번 새로운 프롬프트를 생성하는 것에 피로감이 든다면 출력해서 책상에 붙여두고 사용해 보세요.

명령어	용도	사용 사례
써주세요 Write	일반적인 텍스트 결과물을 원할 때에 무난하게 쓸 수 있습니다.	· 아이들을 위한 인공지능 장난감 아이디어 10개를 써주세요. · Write 10 ideas about a new ai toy idea for kids.
생성해 주세요 Generate	'써주세요'와 비슷하지만 특정 표나 리스트, 코드처럼 형식을 갖추고 있는 것을 써달라고 할 때에 주로 사용합니다.	· 홈메이드 한국 음식 레시피 책을 위한 리스트 형식의 아우트라인을 생성해 주세요. · Generate outlined lists for a recipe book about home made Korean food.
설명해 주세요 Explain	더 자세하게, 쉽게, 다르게 설명이 필요할 때에 사용합니다.	· 챗GPT에 대해 쉬운 영어로 최대 500 단어 이내로 설명해 주세요. · Explain ChatGPT in easy English with max 500 words.
요약해 주세요 Summarize	긴 문장을 짧게 요약할 때에 사용합니다. 요약의 형식을 지정할 수 있습니다.	· 위 기사를 주요 아이디어 3개로 요약해 주세요. · Summarize the above article with 3 main ideas.
분석해 주세요 Analyze	산재된 정보를 원하는 목표와 형식으로 분석할 때에 사용합니다. '써주세요(Write)'나 '요약해 주세요(Summarize)'와 함께 사용하기 좋습니다.	· 아래 데이터를 분석하고 3개의 글머리 기호로 된 간략한 의견을 써주세요. · Analyze the following data and write brief opinion with 3 bullet points.

브레인스토밍해 주세요 Brainstorm	제약 없이 창의적인 아이디어를 요 청할 때에 사용합니다.	· 선진국의 저출생 문제에 대한 창 의적인 솔루션을 브레인스토밍 해 주세요. · Brainstorm creative solutions for overcoming the low birth rate in developed countries.

Step 4

챗GPT의 성능을
몇 배 올려주는 도구들

G는 혼자서도 일을 잘하지만 몇 가지 도구를 쥐어 주면 더 놀라운 실력을 보여줍니다. 이번 챕터에서는 **G**를 더 잘 활용하기 위한 몇 가지 확장 앱(익스텐션)과 설치 방법을 소개해 보겠습니다.

G는 매일 진화하고 있습니다. 하지만 아직까지는 앱의 핵심 기능인 대화형 채팅 기능만을 제공합니다. 채팅을 하는 영역과 좌측 사이드 바의 과거 채팅 내역 보기가 전부인 심플한 앱입니다.

저도 심플함을 좋아합니다만 G는 써보니 몇 가지 기능만이라도 추가되면 너무 편리할 것 같다는 생각이 들었습니다. 아쉬운 것 중 첫째가 내가 사용한 프롬프트와 채팅 내용을 저장하는 기능이고 둘째는 결과를 외부로 공유하는 기능이었습니다. 다행히 이런 생각을 저만 하는 것은 아니었습니다. 이런 불편함을 해결할 수 있는 확장 앱을 만들어 무료로 공유해 주시는 고마운 분들이 많습니다.

크롬 익스텐션을 몇 가지 활용하면 자주 사용하는 프롬프트를 템플릿을 이용해 입력하거나 결과물을 클릭 한 번으로 저장하고 공유하는 것도 가능합니다. 구글 검색을 할 때나 메일, 트위터, 유튜브를 쓸 때에도 G의 도움을 받을 수 있습니다.

아래 익스텐션들 중 관심이 가는 기능이 있는지 살펴보시고 필요한 확장 앱들을 설치하여 사용해 보시기 바랍니다.

프롬프트 입력

- 프롬프트 지니: 한국인들을 위한 실시간 번역 앱입니다.
- AIPRM: 좋은 프롬프트를 공유하는 서비스를 제공합니다.
- Promptheus: 음성 입력 프롬프트를 지원합니다.

결과물 응용 작업

- ShareGPT: 결과물을 외부와 공유하고 파일로 다운로드할 수 있습니다.
- Table Capture: 테이블 형식의 결과를 복사 및 다운로드할 수 있습니다.

웹 검색 참조

- WebChatGPT: 검색 결과를 챗GPT 결과에 반영하고 출처 링크를 표시해 줍니다.

검색 엔진

- ChatGPT for Google: 구글 검색 결과를 오른쪽 챗GPT 스니펫에 띄워줍니다.

메일

- ChatGPT Writer: 지메일 편집창 내에서 챗GPT를 사용하여 메일 쓰기를 지원합니다.

요약

- YouTube Summary: 유튜브 스크립트를 요약해 줍니다.
- Summariser: 텍스트를 복사, 붙여넣기로 요약하기가 가능해집니다.

트위터

- tweetGPT: 트위터 글을 자동으로 생성해 줍니다.

4-1 크롬 익스텐션 설치 방법

크롬 브라우저를 열고 구글에서 '크롬 웹 스토어'를 검색하여 들어갑니다. 주소창에 바로 chrome.google.com/webstore라고 치고 들어가서도 됩니다.

웹 스토어 페이지의 왼쪽 상단 검색창에 원하는 확장 프로그램의 이름을 검색합니다. 예를 들어 '프롬프트 지니'라고 검색하고 클릭하면, 즉시 해당 프로그램의 설치 페이지로 이동합니다. 설치 페이지 우측 상단의 'Chrome에 추가' 버튼을 누르면 바로 설치됩니다. 이렇게 확장 앱을 설치하면 별다른 조작 없이도 해당 앱이 작동하는 환경 즉, 챗GPT나 구글 검색 엔진 환경에서 해당 앱이 자동으로 작동하게 됩니다.

크롬 웹 스토어에서 '프롬프트 지니'를 검색하고 클릭하면 바로 설치 페이지가 열린다.

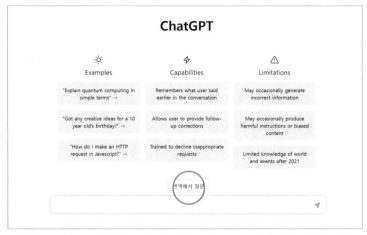

프롬프트 지니를 설치하고 챗GPT를 구동하면 채팅창 위에 '번역해서 질문'이라는 버튼이 보인다.

프롬프트 지니를 설치하고 챗GPT를 열어볼까요?

프롬프트 지니를 설치하고 G를 다시 구동하면 질문창 위에 '번역해서 질문'이라는 버튼이 생깁니다. 질문창에 한글로 프롬프트를 쓴 다음 '번역해서 질문' 버튼을 클릭하면 프롬프트가 즉시 영어로 번역되고, 영어와 한글로 된 답변을 같이 받을 수 있습니다.

크롬 익스텐션이라고 하지만 실제로는 크롬 기반으로 만들어진 웨일, 엣지 브라우저에서도 대부분 사용이 가능합니다.

그런데 여러 개의 익스텐션을 동시에 사용하면 익스텐션 표시 영역이 깨져서 일부 프로그램이 안 보이거나 클릭이 되지 않는 등 정상 작동하지 않는 경우가 발생할 수 있습니다. 확장 앱들 간에 충돌이 있을 경우에는 그때그때 필요한 앱들만 켜서 사용해야 충돌 문제를 최소화할 수 있습니다.

4-2 익스텐션 활용을 위한 익스텐션

여러분의 브라우저에는 몇 개의 익스텐션이 설치되어 있나요? 만약 열 개 미만이라면 이 부분은 읽지 않으셔도 됩니다. 하지만 열 개 이상의 익스텐션을 설치해 사용 중이시라면 익스텐션 매니저를 추천합니다.

확장 앱에서 'Extension Manager'라고 검색하면(영어로 검색하셔야 합니다) 몇 가지가 나옵니다. 그중 저는 '확장 관리자'라는 앱을 추천합니다. 하나 더 추천하자면 'Custom Chrome - Extension Manager'라는 앱입니다. 확장 관리자와 기능은 유사하지만 조금

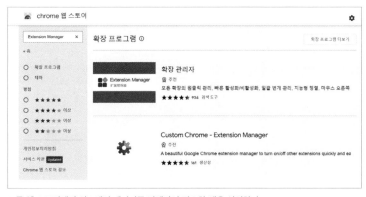

크롬 웹 스토어에서 익스텐션 매니저를 검색하여 필요한 앱을 설치한다

더 심플한 인터페이스를 가지고 있습니다.

두 앱 중 하나를 설치하면 한눈에 내가 보유한 익스텐션들을 볼 수 있고 몇 번의 클릭으로 원하는 익스텐션만 활성화, 비활성화하는 게 가능합니다. 또 그룹을 만들어서 해당 그룹만 모아 보기도 가능하니 G 관련 앱들을 빠르게 켜고 끄기 편리합니다.

두 앱 모두 무료입니다. 아직 안 써보셨다면 한번 써보시길 추천합니다.

큐알코드를 스캔하시면 추천 확장 앱을 사용하는 방법에 대한 영상을 보실 수 있습니다.

DAY 2

챗GPT와
아이디어 만들기

오늘은 G와 함께 아이디어 회의를 해볼까 합니다. 산업군이나 회사에 따라 필요한 아이디어를 내는 방식은 다를 수 있지만 좋은 아이디어에 대한 기준은 크게 다르지 않습니다. 비즈니스에서 좋은 아이디어는 기본적으로 두 가지 조건을 갖춰야 합니다. 바로 실용성과 창의성입니다.

실용성은 이 아이디어가 우리가 목표로 하는 비즈니스 문제를 해결할 수 있는지 여부가 중요합니다. 창의성은 이 아이디어가 경쟁사들에게 포화되지 않은 영역, 즉 경쟁이 없거나 적은 곳을 향하고 있는지를 판단합니다. 실용성이 없는 아이디어는 공허하고, 창의성이 없는 아이디어는 뻔합니다.

우리가 원하는 결과는 당연히 실용성과 창의성 모두 높은 아이

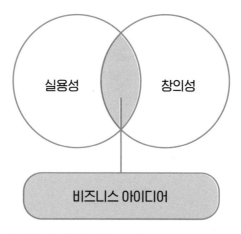

비즈니스에서는 실용성과 창의성을 모두 충족시키는 아이디어가 필요하다.

디어를 얻는 것입니다. 그런데 말이 쉽지 실제로 이런 두 가지 조건을 만족하는 아이디어를 내기란 매우 어렵습니다.

신제품 기획 회의나 기존 제품을 리포지셔닝하는 회의에 참여해 보면 참신한 아이디어를 내는 데만 며칠 또는 몇 주의 시간을 보내기도 합니다. 어떤 회의를 가 봐도 아이디어를 적극적으로 내는 '빅마우스'는 몇 명뿐입니다. 대부분은 아이디어를 쥐어짜 내며 겨우겨우 버티는 나머지 무리에 속합니다.

이럴 때에는 직접 퍼실리테이터Facilitator가 되어 브레인스토밍Brainstorming이나 여섯 가지 사고모자 기법6Hats처럼 강제로 참여 부담을 주는 경우도 있지만 그렇게 효과적이지는 않습니다.

적극적인 몇 명을 제외한 대부분이 피곤한 얼굴로 시간만 때우고 있는 상황, 이런 모습은 대한민국의 어느 조직에서든 흔히 볼 수 있습니다. 거절이나 실패에 대한 부담을 크게 느끼는 개인의 성향도 있겠지만 소통이 자유롭지 않은 조직 문화도 크게 작용한다고 생각합니다. 이런 문제를 근본적으로 해결하는 것이 최선이지만 조직 문화 개선을 극적으로 바꾸지 않는 한 다른 대안을 살피는 게 빠를 것입니다.

저는 그 대안으로 우리의 만능 사원 **G**를 회의에 참여시켜 보길 권합니다. 모든 주제에 대해 대학이나 대학원 졸업생 수준의 지식을 가지고 있는 **G** 하나만 투입해도 회의의 결이 달라질 수 있습니다.

업무에서 아이디어가 필요한 상황은 너무 많습니다. 그 모든 것을 지면에서 다룰 수는 없기에 대표적인 몇 가지 상황을 예로 들어 보겠습니다. 이번 장에서 다룰 내용은 신제품 아이디어, 이벤트 아이디어, 네이밍 아이디어, 디자인 아이디어 이렇게 네 가지입니다. 네 가지 상황에서 **G**가 어떻게 아이디어 생성하고, 생성한 아이디어를 검증하고, 우리가 최종 결과를 선택하는 데 도움을 줄 수 있는지 살펴보겠습니다.

신제품 아이디어 프롬프트

신제품 아이디어를 생성하는 프롬프트는 국내외 G 활용 사례들 중에서도 특히 자주 보이는 주제입니다. 특히 아직 해결되지 못한 세상의 문제를 해결하고자 혁신적인 제품을 준비하는 스타트업들이 많이 활용하지요. 이들은 혁신의 최전방에서 G에게 아이디어 생성 업무를 맡기곤 합니다.

G를 활용한 아이디어 생성은 하나의 프롬프트로 완성된 결과를 요청하는 싱글턴Single Turn방식, G와 여러 번의 대화를 주고받으며 결과를 도출해 가는 멀티턴Multi Turn 방식 중에 선택하실 수 있습니다.

1-1 싱글턴 방식 VS. 멀티턴 방식

싱글턴 방식은 하나의 프롬프트로 목표한 결과물을 받아 내고자 하는 방법입니다. 우리가 이전 장에서 함께 연습한 프롬프트의 구조인 '내용'과 '형식'을 하나의 프롬프트에 모두 담아 요청합니다. 그리고 결과물도 한 번에 받는 방식입니다.

멀티턴 방식은 G와 대화를 주고받으며 결과물을 미세하게 조정해 나가는 방식입니다. 싱글턴보다 더 많은 시간과 노력이 들어가지만 일반적으로 더 나은 결과물을 받아 볼 수 있습니다.

구분	싱글턴	멀티턴
프롬프트 사용 횟수	한 번	여러 번
결과물 생성 시간	짧음(수 초에서 수십 초 이내)	싱글턴에 비해 긴 시간 소요
결과물의 품질	정형화된 업무라면 멀티턴과 유사한 결과물 확보 가능	대부분 싱글턴에 비해 더 나은 품질의 결과물을 받을 수 있음
난이도	보통~높음	높음

싱글턴과 멀티턴은 프롬프트 사용 횟수를 기준으로 구분하며, 각 방식에 따라 결과물 생성 시간과 품질이 달라지기도 한다.

1-2 실전 '신제품 아이디어 생성'

저는 제 아들 또래의 유아들을 위한 언어학습 교재에 대한 아이디어를 멀티턴 방식으로 생성해 보려고 합니다. 우선 프롬프트에 들어갈 내용과 형식을 정리해 보겠습니다. 이 부분은 머릿속으로 해도 되고, 짧게 메모를 해봐도 좋겠죠.

- 내용
  - 주제: 만 6세 미만 유아용 언어학습 교구
  - 맥락: 인공지능 기술 활용
- 형식
  - 분량: 아이디어 10개
  - 형식: 번호를 매긴 리스트 형식

생각 정리가 끝났으면 프롬프트를 작성해 볼까요.

6세 미만 아이들의 영어 조기 교육을 돕기 위해 인공지능을 활용한 교구 아이디어를 번호를 붙여 10개 적어주세요.

1. 인터랙티브 스토리북: 아이의 읽기 능력에 따라 텍스트와 질문의 난이도를 조절할 수 있는 AI 기반 스토리북 사용

2. **맞춤 어휘 빌더**: 아이의 관심사에 따라 개인화된 단어 목록을 만들고 대화형 활동을 통해 새로운 단어를 가르칠 수 있는 AI 기반 어휘 빌더입니다.

3. **발음 및 음성학 훈련**: AI 사용 - 아이들이 대화형 연습을 통해 영어 단어의 정확한 발음과 음성학을 배울 수 있도록 도와주는 강력한 도구

4. **음성 인식 게임**: 아이들의 발음과 말하기 능력을 향상시키는 데 도움이 되는 AI 기반 음성 인식 게임 재미있고 매력적인 활동을 통해 기술을 익힐 수 있습니다

5. **대화형 대화형 AI**: AI 기반 챗봇으로 아이들이 대화에 참여하여 재미있고 상호작용적인 방식으로 영어 실력을 연습할 수 있습니다.

6. **가상 영어 튜터링**: AI 기반 가상 튜터 t 어린이에게 일대일 맞춤 영어 과외 세션을 제공합니다.

7. **게임화된 영어 학습**: 인공지능 기반 게임으로 영어 학습을 재미있고 흥미진진하게 만드는 게임 게임화.

8. **실시간 번역 지원**: 어린이가 영어 단어와 구를 실시간으로 이해하고 번역할 수 있도록 도와주는 AI 기반 도구입니다.

9. **음성 활성화 학습**: 어린이의 질문에 응답하고 맞춤형 피드백과 지침을 제공할 수 있는 AI 기반 음성 활성화 학습 도우미

10. **언어 학습 앱**: 어린이의 학습 스타일과 속도에 따라 개인화된 학습 경험을 제공할 수 있는 AI 기반 언어 학습 앱입니다.

첫 번째 프롬프트를 이용한 결과가 나왔습니다. 괜찮은 아이디어가 보이시나요? 개구쟁이인 제 아들은 4번 음성 인식 게임이나 5번 대화형 챗봇을 좋아할 것 같습니다.

이렇게 아이디어를 받았지만 뭔가 밋밋하게 느껴질 수 있습니다. 처음 결과물에서 만족하지 못하거나 추가로 더 많은 아이디어 결과를 보고 싶다면 'Add 10 more' 또는 한글로 '10개의 아이디어를 추가해 주세요'와 같이 프롬프트를 쓰시면 됩니다. 이렇게만 써도 G는 찰떡같이 우리의 의도를 이해하고 이전과 동일한 프롬프트를 써서 결과물을 추가로 생성해 줍니다.

저는 G의 첫 답변에 맥락을 추가한 프롬프트를 주고 아이디어를 조금 더 구체화해 봤습니다.

위 아이디어에 아래의 조건을 반영하여 추가로 10개의 비즈니스 아이디어를 생성해 주세요.

조건: 인공지능 기술 활용 홈스쿨링을 위한, 언어는 비영어권, 배터리 사용 제품, 어린이 안전 기준 적합한 소재 사용

1. AI 기반 언어 학습 키트: 홈스쿨링 어린이를 위한 배터리 전원 언어 학습 키트로, AI 기술을 사용하여 비영어권 언어를 가르치고 어린이 안전 표준을 충족하는 자료로 설계되었습니다.

2. 다국어 인터랙티브 스토리북: 어린이 안전 기준을 염두에 두고 홈스쿨링용으로 적합하도록 설계된 AI 기반의 다국어 인터랙티브 스토리북.

3. AI -powered Multilingual Flashcards: AI 기술을 사용하여 비영어권 언어를 가르치는 배터리 전원 플래시 카드로 어린이 안전을 염두에 두고 홈스쿨링에 적합하도록 설계되었습니다.

4. 맞춤형 다국어 어휘 작성기: 배터리 전원을 사용하고 어린이 안전 표준을 충족하는 자료로 설계된 맞춤형 단어 목록을 통해 비영어권 언어를 가르치는 AI 기반 어휘 빌더.

5. AI 기반 다국어 번역 지원: 실시간 번역 지원을 제공하는 배터리 구동 AI 도구 어린이 안전 기준을 염두에 두고 홈스쿨링에 적합하도록 설계되었습니다.

6. 다국어 음성 인식 게임: 영어가 아닌 언어를 가르치는 AI 기반 음성 인식 게임 어린이 안전 기준을 충족하고 홈스쿨링용으로 설계된 자료를 사용하여 재미있고 매력적인 활동을 통해.

7. AI 기반 다국어 가상 튜터: 배터리로 작동하는 가상 튜터가 AI 기술을 사용하여 다음을 제공합니다. 어린이의 안전 기준을 염두에 두고 홈스쿨링에 적합하도록 설계된 비영어권 일대일 맞춤형 언어 과외.

8. 다국어 음성 활성화 학습: 배터리- AI 기술을 사용하여 어린이의 질문에 답하고 개인화된 피드백을 제공하며 어린이의 안전 기준을 염두에 두고 홈스쿨링에 적합하도록 설계된 비영어권 언어를 가르치는 전원 음성 활성화 학습 도우미

9. AI 기반 다국어 언어 학습 앱: AI 기술을 사용하여 비영어권 언어에 대한 개인화된 학습 경험을 제공하는 배터리 구동식 언어 학습 앱으로 어린이 안전 표준을 염두에 두고 홈스쿨링에 적합하도록 설계되었

습니다.

10. 다국어 게임화된 언어 학습: 배터리 전원을 사용하고 홈스쿨링 사용에 적합한 어린이 안전 표준을 충족하는 자료로 설계되어 어린이가 비영어권 언어 학습을 재미있고 흥미롭게 만드는 AI 기반 게임입니다.

맥락을 반영하니 조금 더 구체적인 아이디어가 나왔습니다. 어떠신가요? 저는 3번 아이디어에서 파생되는 다른 아이디어들이 궁금하네요. G에게 창의적 아이디어 생성 기법 중에 하나인 스캠퍼 기법SCAMPER을 적용하여 3번 아이디어의 파생 아이디어를 만들어 달라고 요청해 보겠습니다.

위의 3번 아이디어에 대해 SCAMPER 기법을 사용하여 아이디어를 변경해 주세요.

원래 아이디어: AI 기반 다국어 플래시카드: AI 기술을 사용하여 비영어권 언어를 가르치는 배터리 구동 플래시카드, 어린이 안전을 염두에 두고 홈스쿨링 사용에 적합하도록 설계되었습니다.

SCAMPER 기술 사용:

1. 대체: 기존의 플래시 카드를 사용하는 대신 어린이의 이해 수준을 감지하고 개인화된 피드백을 제공할 수 있는 새로운 유형의 플래시 카드로 대체합니다.
2. 결합: AI 기반 플래시 카드를 음성 인식 기능과 결합하여 어린이가 발음을 연습하고 실시간 피드백을 받을 수 있도록 합니다.
3. 적응: 적응 놀이와 탐색을 통해 학습을 촉진하는 대화형 활동을 통합하기 위해 AI 기반 플래시 카드.
4. 수정: AI 기반 플래시 카드의 디자인을 보다 흥미롭고 시각적으로 수정합니다. 어린 아이들에게 매력적입니다.
5. 다른 용도로 사용: AI 기반 플래시 카드를 시각 자료와 상호작용을 통합하여 수학이나 과학과 같은 비언어 과목을 가르치기 위해 용도 변경 활동.
6. 제거: USB 포트를 통해 충전할 수 있는 AI 기반 플래시 카드 세트를 만들어 배터리가 필요하지 않습니다.
7. 뒤집기: 플래시 카드의 순서를 뒤집어 아이가 영어가 아닌 언어로 문장과 이야기를 만들도록 격려합니다.

어떠신가요? 스캠퍼 기법을 활용하여 확장한 아이디어 중에 눈에 띄는 참신한 아이디어가 있나요? 저는 2번 '결합' 아이디어가 눈에 들어옵니다.

앞서 좋은 아이디어에는 실용성과 창의성이 공존해야 한다고 했지요. 이 아이디어는 이미 존재하는 두 가지 기술을 결합해 완전히 새로운 상품을 만들기 때문에 그 조건에 부합하고 있습니다. 하지만 여기서 끝낼 수는 없죠. 이번에는 여섯 가지 사고모자 기법을 사용해 위 결합 아이디어에 대한 G의 관점을 확인해 보도록 하겠습니다.

2번 결합 아이디어를 6Hats 기법을 활용하여 6가지 관점에서 의견을 주세요.

👍 👎

물론입니다. 6가지 모자 기술을 사용하는 두 번째 결합 아이디어에 대한 제 의견은 다음과 같습니다.

1. White Hat(Facts and Information): AI 기반 대화형 스토리북을 발음과 말하기 능력을 향상시키는 음성 인식 기능은 사실 기반의 유익한 아이디어입니다. 언어 학습에서 AI 기술의 입증된 효과와 언어 습득에서 발음의 중요성에 의존합니다.
2. Red Hat(Feelings and Emotions): 음성 인식을 사용하는 아이디어 언어 학습의 기능은 복합적인 감정과 감정을 불러일으킬 수 있습니다. 일부 어린이는 기계로 교정된다는 생각에 당황하거나 겁을 먹을 수 있지만 다른 어린이는 이를 격려하고 동기를 부여할 수 있습니다.

3. 검은 모자(도전 및 위험): 하나의 도전 과제 이 아이디어의 핵심은 음성 인식 기능의 정확도인데, 이는 항상 어린이의 발음을 정확하게 인식하지 못할 수 있습니다. 이것은 아이에게 좌절감과 동기 부여 부족으로 이어질 수 있습니다. 또한 어린 아이들을 위한 음성 인식 기술 사용과 관련된 개인 정보 보호 문제가 있을 수 있습니다.

4. 노란색 모자(이점 및 기회): 이 아이디어의 이점은 다음과 같이 많습니다. 그것은 아이들이 재미 있고 상호 작용하는 방식으로 발음과 말하기 능력을 향상시킬 수 있습니다. 또한 개인화된 피드백과 격려를 제공하여 언어 학습에 대한 자녀의 자신감과 동기를 높일 수 있습니다.

5. Green Hat(창의력 및 아이디어): 창의적인 관점에서 이 아이디어는 다양한 억양과 방언을 음성 인식 기능에 통합하여 어린이를 다양한 언어 변형에 노출시켜 확장할 수 있습니다. 또한 비영어권 언어로 스토리텔링 및 창의적 글쓰기를 촉진하는 데 사용할 수 있습니다.

6. Blue Hat(제어 및 구성): 음성 인식 기술을 사용하려면 신중한 제어 및 구성이 필요합니다. 예를 들어 아동이 따라야 할 명확한 지침과 프롬프트를 설계하고 수용 가능한 발음을 위한 매개변수를 설정합니다. 또한 기술이 제대로 작동하고 의도하지 않은 결과를 초래하지 않도록 모니터링 및 유지 관리가 필요합니다.

여섯 가지 사고모자 기법을 활용하여 다양한 관점으로 G의 의견을 받아봤습니다. 구체적으로 더 주의해야 할 부분들과 생각해 보지 못한 장점들을 알게 되었습니다. 이번에는 위 분석 결과를 반영하여 실제 핵심 기능과 디자인 아이디어를 요청해 보겠습니다.

위 6Hats 결과를 참고해서 제품의 핵심 기능과 안전을 고려한 설계 아이디어를 최대한 상세하게 테이블 포맷으로 적어주세요.

물론입니다. 다음은 6가지 모자의 결과를 기반으로 한 디자인 아이디어의 표 형식입니다.

디자인 아이디어
주요 기능: - AI 기반 대화형 스토리북 - 음성 인식 기능 - 다양한 억양 및 방언 - 맞춤형 피드백 및 격려 - 어린이 친화적이고 안전한 디자인 - USB 충전식
안전 표준: - 비- 유독하고 어린이에게 안전한 재료 - 모서리가 둥글고 날카로운 모서리가 없습니다. - 어린이 제품에 대한 안전 규정을 준수합니다. - 개인 정보 침해 또는 데이터 수집 금지 - 안전한 사용을 위한 명확한 지침 및 프롬프트

설명:

디자인 아이디어에는 어린이가 발음과 말하기를 연습할 수 있는 음성 인식 기능이 있는 AI 기반 대화형 스토리북이 포함됩니다. 기술. 음성 인식 기능은 다양한 억양과 방언을 통합하여 어린이를 다양한 언어 변형에 노출시킵니다. 언어 학습에 대한 자녀의 자신감과 동기를 높이기 위해 개인화된 피드백과 격려가 제공됩니다. 디자인은 어린이에게 친숙하고 안전하며 무독성 및 어린이 안전 재료, 둥근 모서리 및 날카로운 모서리가 없습니다. 어린이용품 안전수칙을 준수하며, 어린이의 사생활을 침해하거나 데이터를 수집하지 않습니다. 안전한 사용을 위해 명확한 지침과 프롬프트가 제공됩니다.

또한 이 제품은 USB 충전식으로 설계되어 배터리가 필요하지 않아 환경 친화적이고 비용 효율적입니다. 또한 이 제품은 어린 아이들이 사용하기 쉽고 비영어권 언어로 스토리텔링과 창의적인 글쓰기를 촉진하도록 설계되었습니다.

결과를 보니 안전 기준을 더 고려하여 디자인해야 할 것 같습니다. 대한민국 안전 기준을 적용한 결과를 요청해 보겠습니다.

대한민국의 어린이 완구 안전 기준을 적용해서 제품 설계 방향을 상세히 설명해 주세요.

물론입니다. 한국의 어린이 장난감 안전 기준을 적용하여 제품 디자인 방향에 대해 설명합니다.

한국은 어린이 장난감에 대한 엄격한 안전 기준을 가지고 있으며 어린이를 위해 설계된 모든 제품은 이 기준을 준수해야 합니다. 표준. 한국의 안전 기준은 장난감이 안전하고 무독성이며 어린이에게 해를 끼칠 수 있는 위험이 없어야 한다고 요구합니다. 음성 인식 기능이 있는 AI 기반 대화형 스토리북의 제품 디자인 방향은 다음 안전 표준을 고려해야 합니다.

1. **물리적 안전**: 제품은 모서리가 둥글고 날카로운 모서리가 없도록 디자인되어야 합니다. 부상을 방지하기 위해. 또한 사용되는 재료는 독성이 없고 유해한 화학 물질이 없으며 내구성이 있어야 합니다.

2. **질식 위험**: 제품에는 질식 위험이 있을 수 있는 작은 부품이 포함되어서는 안 됩니다. 어린 아이들을 위해. 제품 및 부품의 크기는 연령대에 적합해야 합니다.

3. **전기적 안전**: 제품은 배터리로 작동하므로 안전 기준을 준수해야 합니다. 전기적 위험을 방지하기 위해 배터리 및 전기 회로에 대한 표준을 준수합니다.

4. **가연성**: 제품은 인화성 또는 쉽게 연소되지 않아야 하며 화재 위험과 관련된 안전 규정을 준수해야 합니다.

5. **라벨링 및 지침**: 제품에는 안전한 사용을 위한 적절한 경고 및 지침이 표시된 레이블이 있어야 합니다. 지침은 부모와 자녀가 명확하고 이해하기 쉬워야 합니다.

이러한 안전 표준 외에도 제품 디자인은 어린이의 인체공학적 요구 사항도 고려해야 합니다. 제품은 어린이의 작은 손에 맞게 쉽게 잡고 조작할 수 있도록 설계되어야 합니다. 대화형 기능은 직관적이고 이해하기 쉬워야 어린이에게 긍정적인 학습 경험을 제공할 수 있습니다.

전반적으로 제품 디자인 방향은 어린이를 위한 안전, 내구성 및 사용자 친화성을 우선시해야 합니다. 제품은 한국의 안전 기준을 준수하고 어린이에게 흥미롭고 효과적인 언어 학습 경험을 제공해야 합니다.

자, 이 정도면 시안 디자인을 해볼 만할 것 같습니다. 이제 G에게 미드저니에서 사용할 프롬프트를 써 달라고 하겠습니다.

이 제품 시안을 Generative Ai Design 도구로 디자인하기 위한 프롬프트를 써주세요.

Sure, here's an updated prompt that includes the requested details:

Design an AI-powered interactive storybook with speech

recognition feature that provides an engaging and effective language learning experience for young children. The product should comply with safety standards for children's toys, with a rounded, compact, and lightweight design that is easy for young children to hold and manipulate. The exterior structure should be made of non-toxic, durable materials and feature bright colors and playful patterns that appeal to children. The product should also be battery-powered and USB rechargeable for convenience and environmental sustainability.

The AI technology should incorporate multiple accents and dialects, providing exposure to linguistic variations, and provide personalized feedback and encouragement to boost the child's confidence and motivation in language learning. The product should promote storytelling and creative writing in non-English languages, with interactive features that are intuitive and user-friendly for a positive learning experience.

In terms of size, the product should be small enough to fit comfortably in young children's hands, with dimensions of approximately 7 inches by 5 inches by 1 inch. The speech recognition feature should be located at the top of the product, with a clear and responsive microphone that can easily capture children's speech. The interactive storybook should feature colorful illustrations and animations that come to life on a high-resolution screen located on the front of the product.

The product should be designed to provide a safe and enjoyable learning experience for children, with a child-friendly and easy-to-use interface that is free from any privacy invasion or data collection. The product should comply with safety regulations for children's toys, with a label that includes appropriate warnings and instructions for safe use.

Use a Generative AI Design tool to generate innovative design concepts that align with these specifications and requirements.

이제 이 프롬프트를 활용하여 미드저니로 이미지를 생성해 보겠습니다. 다음은 G가 제공한 프롬프트 텍스트를 그대로 복사 붙여넣기 해서 생성한 이미지입니다. 저는 꽤 마음에 듭니다.

챗GPT가 제공한 프롬프트를 그대로 사용하여 미드저니로 생성한 제품 시안 이미지이다.

이번 챕터에서는 G와 함께 신제품 아이디어를 생성하고, 생성한 아이디어를 다양한 관점에서 분석하고, 마지막으로 선택한 제품 아이디어의 특징을 추려서 시제품 디자인 시안까지 제작해 보았습니다.

실무에 바로 적용하기 위해서는 여러분의 조직과 개인의 다양한 환경과 변수들을 반영해야 할 것입니다. 그래도 G를 활용하여 실용적인 제품 아이디어를 내고 디자인 시안까지 만드는 과정을 쭉 지켜보셨으니 실제로 적용할 수 있는 부분을 찾는 데 도움이 되셨길 바랍니다.

다음 챕터에서는 G와 함께 또 다른 아이디어를 내는 사례를 살펴보도록 하겠습니다.

Tip. 스캠퍼 기법

스캠퍼 기법은 창의적인 아이디어와 솔루션을 생성하기 위한 강력한 도구입니다. 기존 아이디어나 제품을 수정하거나 가감하는 일곱 가지 아이디어 변경 방식의 첫 글자를 따서 만든 용어입니다.

스캠퍼 기법을 프롬프트에 적용하면 문제에 접근하거나 새로운 것을 만드는 다양한 방법을 탐색할 수 있습니다.

- **대체**Substitute
  - 제품 또는 아이디어의 특정 측면을 대체할 수 있는 항목에 대해 생각해 보기
  - 프롬프트 예시: 한 재료를 다른 재료로 대체하거나 한 기능을 다른 기능으로 대체하면 어떻게 됩니까?
- **결합**Combine
  - 다양한 아이디어나 제품을 어떻게 결합할 수 있는지 생각해 보기
  - 프롬프트 예시: 두 가지 다른 기술을 결합하여 새로운 유형의 제품을 만든다면 어떻게 하시겠습니까?
- **적응**Adapt
  - 기존 아이디어나 제품을 새로운 요구를 충족시키거나 새로운 문제를 해결하기 위해 어떻게 적용할 수 있는지 생각해 보기

- 프롬프트 예시: 소프트웨어 프로그램을 다른 플랫폼이나 다른 산업에서 작동하도록 어떻게 조정할 수 있습니까?
- **수정**Modify
  - 기존 제품이나 아이디어를 수정하거나 개선해 보기
  - 프롬프트 예시: 자동차를 어떻게 개조하여 연료 효율을 높이거나 환경 친화적으로 만들 수 있습니까?
- **다른 용도**Put to another use
  - 기존 제품이나 아이디어는 다른 방식으로 사용될 수 있는지 확인해 보기
  - 프롬프트 예시: 한 산업을 위해 설계된 도구를 다른 산업에서 어떻게 사용할 수 있습니까?
- **제거**Eliminate
  - 제품이나 아이디어에서 제거할 수 있는 것이 무엇인지 생각해 보기(더 간단하게 또는 더 효율적으로 만들기)
  - 프롬프트 예시: 제품이 특정 기능 없이 설계되었다면 여전히 효과적일까요?
- **뒤집기/재배열**Reverse/Rearrange
  - 기존 아이디어나 제품의 사용 방법을 뒤집거나 재배열하여 새로운 것을 만들 수 있는지 생각해 보기
  - 프롬프트 예시: 프로세스의 단계 순서가 바뀌거나 제품의 구성 요소가 새로운 방식으로 재배열되면 어떻게 됩니까?

Tip. 여섯 가지 사고모자 기법

여섯 가지 사고모자 기법은 여섯 가지 색으로 구분된 모자에 각각의 관점을 미리 지정해 놓고, 각 모자를 쓴 상태에서 사물이나 사건을 바라보고 의견을 내게 하는 분석 기법입니다.

이 기법을 사용하면 여섯 가지 다양한 관점에서 의견이 나오기 때문에 고정관념이나 선입견이 강하게 자리 잡아 아이디어의 생성에 어려움을 겪는 개인이나 팀에게 완전히 새로운 관점의 아이디어를 내거나 이미 내놓은 아이디어를 다면적으로 평가할 수 있도록 도와줍니다.

여섯 가지 모자의 색깔과 그 모자에 담긴 관점을 정리하면 아래와 같습니다.

- **하양 모자**
  - 객관적 사실 및 정보를 수집하기
  - 제품이 해결하려는 문제에 대해 이미 알려진 사항을 고려하고 관련이 있는 내부 또는 외부 데이터와 연구 결과를 모으는 데 사용합니다.
- **빨강 모자**
  - 첫인상에 대한 감정과 느낌을 공유하기
  - 참가자들이 아이디어에 대한 첫인상(느낌)을 공유하고, 참여자들이 가지고 있는 편견이나 의견을 숨김없이 표현하도록

장려합니다.

- **검정 모자**
  - 비판적인 관점을 모으기
  - 참가자가 분석적으로 사고하고 아이디어와 관련된 잠재적 위험이나 약점을 찾아내도록 합니다.

- **노랑 모자**
  - 낙관적이고 긍정적인 의미를 찾기
  - 검정 모자와 반대로 참가자가 낙관적으로 생각하고 아이디어의 잠재적인 이점만을 살펴보고 의견을 내도록 합니다.

- **초록 모자**
  - 창의적 생각과 브레인스토밍을 하기
  - 참가자들이 아이디어에 대한 새롭고 창의적인 의견을 제약 없이 내도록 합니다.

- **파랑 모자**
  - 논리적이고 합리적인 관점으로 살펴보기
  - 회의 주최자나 퍼실리테이터의 관점입니다. 보통 회의 시작 전이나 회의를 마무리할 때 씁니다.

Step 2

네이밍 아이디어
프롬프트

제품은 훌륭한데 이름을 잘못 지어 판매가 부진한 경우도 있고, 별반 특별할 것 없는 제품인데 이름이 재미있어서 날개 달린 듯 팔리는 경우도 있습니다. 네이밍은 마케팅에서 아주 중요한 업무이죠. 그래서 더 부담스럽기도 합니다. 하지만 걱정하지 마세요. 우리에겐 언제든지 기꺼이 도움을 줄 동료 G가 있으니까요!

앞서 6세 미만 아이들을 위한 교구 아이디어를 만들어 보았습니다. 이번에는 그 제품의 이름을 지어보겠습니다.

아래 제품에 대한 10가지 제품 이름 아이디어를 제공해 주세요. 한두 단어로 이루어진 영문 이름으로 적어주세요. 같은 이름의 유사한 제품을 알고 계시다면 제외 부탁드립니다.

• 아이의 읽기 능력에 따라 텍스트와 질문의 난이도를 조절할 수 있는 AI 기반 동화책

1. SmartRead

2. AIStory

3. ReaderGenie

4. StoryCrafters

5. LiteracyLabs

6. Adapt-A-Book

7. BrainyBooks

8. ProReaders

9. ReadingRobots

10. KidsLitAI

G가 순식간에 제품명 열 개를 뽑아주었습니다. 그런데 그냥 봐서는 판단이 잘 서지 않네요. 제품 이름 옆에 태그라인(Tagline)이 있으면 선택하기 더 수월할 것 같습니다.

태그라인을 추가하여 각 이름을 다시 작성해 주세요.

네, 각 이름에 대한 태그라인은 다음과 같습니다:

1. SmartRead - "맞춤형 독서, 모든 아이에게"
2. AIStory - "아이와 함께 자라는 이야기"
3. ReaderGenie - "아이의 독서 능력에 맞게 마법같이 조절"
4. StoryCrafters - "모든 독서 수준을 위한 이야기 제작"
5. LiteracyLabs - "어린 독자를 위한 혁신적인 문해 솔루션"
6. Adapt-A-Book - "아이의 능력에 맞게 이야기를 맞춤화"
7. BrainyBooks - "독서를 통해 아이의 두뇌 능력 강화"
8. ProReaders - "아이들을 위한 전문 수준의 독서 지원""
9. ReadingRobots - "독서 성공을 위한 인공지능"
10. KidsLitAI - "AI 도서로 어린 독자의 독서 역량 강화"

오, 더 보기 좋네요. 이해하기도 쉽고요. 마음에 드는 이름이 있으신가요? 저는 7번 '브레이니 북스'가 마음에 듭니다. 만약 마음에 드는 답변이 없으시다면 G에게 추가 아이디어를 요청해 보세요. 어떠한 불만도 없이 100개, 200개도 써줄 테니까요.

디자인 아이디어
프롬프트

신제품 아이디어도 나왔고, 이름도 지었습니다. 이제 제 머릿속에서는 구체적인 형태가 만들어졌지요. 하지만 다른 사람에게 설명하기가 쉽진 않을 것 같습니다. 이럴 때 꼭 필요한 것이 있죠. 바로 제품의 시각화입니다.

아쉽게도 G는 그림을 그릴 줄 모릅니다. 그래서 저는 미드저니라는 친구에게 도움을 청하려고 합니다. 그런데 이 미드저니라는 친구는 프롬프트에 매우 까다로운 편입니다. 프롬프트를 어떻게 쓰느냐에 따라 디자인 결과가 천차만별로 나오지요.

그래서 G의 도움을 받으려고 합니다. G가 직접 디자인을 하는 못하지만, 디자인 능력을 가진 인공지능에게 어떤 프롬프트를 써야 제대로 된 결과를 얻을 수 있는지는 아주 잘 알고 있거든요. G에게 제공할 간략한 맥락과 요청을 정리해 보겠습니다.

- 제품에 대한 3개의 패키지 디자인을 미드저니로 제작하고 싶습니다.
- 제품 설명: 아이의 독서 능력에 따라 텍스트와 문제의 난이도를 조절할 수 있는 AI 기술이 적용된 스토리 북입니다.

GENERATE 3 PACKAGE DESIGN FOR MIDJOURNEY ABOUT THE PRODUCT BELOW
Using an AI-powered storybook that can adjust the difficulty of text and questions according to the child's reading ability.

Here's a Midjourney prompt for the AI-powered storybook:

"Design a comprehensive user interface for Midjourney's AI-powered storybook that provides an intuitive and personalized reading experience for children. Consider how the design can leverage the storybook's AI-powered features, such as performance analysis and personalized recommendations, to create a seamless and engaging experience. Additionally, consider how the design can incorporate interactive elements, such as games or quizzes, to enhance the child's learning and motivation. Finally, ensure that the design is accessible and easy to use for both children and parents, and aligns with the brand's values of fun, learning, and innovation."

이제 **G**가 제공해 준 프롬프트로 미드저니를 활용하여 시제품 디자인을 생성해 보겠습니다.

챗GPT가 제공해 준 프롬프트로 미드저니를 통해 생성한 '브레이니 북스'의 시제품 디자인이다.

동화 같은 일러스트가 들어간 시안이 나왔습니다. 제가 생각한 것과는 조금 다르네요. 더 사실적인 이미지로 요청해 보겠습니다. 같은 프롬프트에 'REALISTIC PACKAGE DESIGN'이라는 설명을 추가하겠습니다.

프롬프트를 약간 수정하여 다시 생성한 '브레이니 북스'의 시제품 디자인이다.

결과가 확연히 달라졌지요? 이 책에서 미드저니에 대해 깊게 설명하진 않을 것입니다. 다만 제품에 대해 정확히 설명할 수만 있으면 시제품 콘셉트 디자인까지도 즉시 만들어 볼 수 있다는 점을 말씀드리고 싶었습니다. 물론 최종 제품 디자인은 사람이 하는 게 더 좋을 것 같습니다.

이벤트 아이디어
프롬프트

제품 설정도 끝났고, 이름도 지었고, 시제품 콘셉트 디자인까지 나왔습니다. 이제 제품 출시를 해야 할 때입니다! 그런데 요즘에는 좋은 제품을 내놓았다고 알아서 팔리는 시대가 아니죠. 타깃 고객에게 어떤 방식으로 접근해야 우리 제품의 장점을 널리 알릴 수 있을까요?

G에게 '브레이니 북스' 론칭 이벤트 아이디어를 요청해 봐야겠습니다. 하지만 그냥 론칭 이벤트 아이디어라고 하면 G는 아주 광범위한 대답을 해줄 것이 분명합니다. 자, 내용을 좁혀볼까요?

저는 오프라인 행사였으면 좋겠습니다. 고객들에게 AI 기반 스토리북이 생소할 수 있으니 직접 안내를 하면서 체험해 보는 게 나을 것 같거든요. 그리고 제품은 유아용이지만 구매는 어른이 할 테니까 부모와 아이 모두를 초대하겠습니다. 아무래도 아이들 커뮤니티는 지역을 기반으로 이루어지니까 '지역 내 부모 동반 이벤트'가 좋겠네요.

생각 정리가 끝났으니 프롬프트에 이 내용을 맥락으로 넣어주겠습니다.

위 제품 론칭 이벤트 아이디어를 내주세요. 지역 학부모들을 초청해 즐겁게 놀며 책을 체험하게 하고 싶습니다. 예산은 상관없으니 창의적인 아이디어를 10개 생성해 주세요.

물론이죠! 다음은 AI로 구동되는 책과 연결되는 각 이벤트에 대한 세련된 아이디어입니다.

1. AI 도서전: AI로 구동되는 동화책뿐만 아니라 다른 인기 도서도 선보이는 AI 도서전을 개최합니다. 아동 도서. 어린이와 부모가 AI 기반 스토리북의 기능을 탐색하고, 읽기 챌린지에 참여하고, 상품을 받을 수 있는 대화형 스테이션을 설정합니다.

2. AI 스토리텔링 페스티벌: AI 스토리텔링 페스티벌 조직 지역 작가, 교육자 및 공연자뿐만 아니라 AI 기반 스토리북도 제공합니다. 부모와 자녀를 초대하여 AI 기반 동화책을 실시간으로 읽고, 관련 활동에 참여하고, 좋아하는 AI 작가를 만나보세요.

3. AI 독서 마라톤: AI 독서 마라톤 개최 어린이와 부모가 함께 AI 기반 동화책을 읽고 읽기 진행 상황을 기록할 수 있습니다. 읽기 목표 달성에 대한 인센티브를 제공하고 새로운 AI 기반 동화책을 추천합니다.

4. AI 가족 게임의 밤: AI를 통해 읽기와 학습을 통합하는 AI 가족 게임의 밤 만들기 -동화책. AI 기반 기능으로 읽고 쓰는 능력을 향상시키는 보드 게임, 퍼즐 및 기타 게임을 설정하고 우승자에게 상품을 제공합니다.

5. AI 북 클럽: 집중하는 AI 북 클럽을 시작합니다. AI 기반 동화책에 대한 정보를 제공하고 AI 기반 기능으로 부모와 자녀가 함께 읽을 수 있도록 권장합니다. 이달의 AI 스토리북에 대해 가족과 함께 토론하고 관련 활동에 참여하며 다과를 즐길 수 있는 월간 회의를 개최합니다.

6. AI 작가 만나기: 현지 AI 작가 초청 읽기의 중요성과 AI 기반 동화책이 어떻게 도움이 될 수 있는지에 대해 이야기하는 아동 도서. AI 책 사인회, AI 낭독, 어린이를 위한 대화형 AI 활동을 제공합니다.

7. AI 스토리북 극장: 인기 있는 AI 기반 스토리북에 생명을 불어넣는 AI 스토리북 극장을 주최합니다. 배우나 연기자를 고용하여 AI 기반 스

토리북의 장면을 연기하고 어린이와 부모를 관련 AI 활동에 참여하도록 초대합니다.

8. AI 리터러시 카니발: AI 리터러시 카니발 만들기 AI를 활용한 재미있고 교육적인 다양한 활동을 제공합니다. 글쓰기, 읽기, 스토리텔링 등 문해력의 다양한 측면에 초점을 맞춘 AI 기반 부스를 설치하고 참여 시 상품을 제공합니다.

9. AI 읽기 올림픽: AI 주최 어린이와 부모가 특정 시간 내에 가능한 한 많은 AI 기반 동화책을 읽도록 도전하는 독서 올림픽. AI 리더보드를 설정하여 진행 상황을 추적하고 AI 독서 목표 달성을 위한 인센티브를 제공하세요.

10. AI 도서 교환 및 기부 드라이브: 가족이 함께 할 수 있는 AI 도서 교환 및 기부 드라이브를 설정하세요. 부드럽게 사용한 AI 기반 스토리북을 기부하고 새로운 AI 기반 스토리북과 교환합니다. 지역 학교 및 도서관과 협력하여 도움이 필요한 어린이들에게 AI 기반 도서를 배포하고 AI 기반 북 드라이브의 성공을 축하하기 위해 폐막식을 개최합니다.

10개의 무난한 아이디어가 나온 것 같습니다. 무난하다고는 해도, 수십 초 만에 얻은 아이디어에서 또 여러 갈래로 파생해 볼 수 있겠죠. 그 모든 과정에서 계속 G의 도움을 받을 수도 있고요.

이렇게 순식간에 제품 아이디어, 이름, 디자인 콘셉트까지 잡아봤습니다. 심지어 론칭 행사 이벤트 아이디어까지 만들었죠. G와 함께라면 아이디어 생성부터 출시까지의 과정이 덜 두렵지 않을까요? 지금 바로 머릿속 아이디어를 G와 함께 나눠보세요!

DAY 3

챗GPT와
시장 조사하기

"데이터 없이 마케팅을 하는 것은 눈 감고 운전하는 것과 같다."

세계적인 디지털 마케터 댄 자렐라의 말입니다. 3장에서는 G와 함께 시장 조사를 하는 방법에 대해 알아보겠습니다.

사업을 구상 중이거나 기존 조직에서 신제품을 개발하려고 할 때에는 다양한 방식의 시장 조사를 하게 됩니다. 시장 조사의 목표는 자사, 경쟁사, 고객이라는 세 가지 관점에서 시장을 살펴보고 사업 전략을 수립하는 것입니다.

데이터를 조사하고 정리하는 과정, 전체 시장에서 경쟁이 적은 시장으로 좁히는 과정, 또 잠재 고객을 정의하는 과정 등 정말 많은 인력과 시간이 투입되는 과업이지요. 이 지점에서 저는 G의 도움을 받아보려고 합니다.

Step 1

국가 통계 데이터를 이용한
시장 분석 프롬프트

오늘 우리가 할 일은 시장 조사 방법론을 A부터 Z까지 배우는 것이 아닙니다. 마케팅 전략을 배우는 것도 아니지요. 이미 잘 알려진 시장 조사 방법들로 어떻게 G의 도움을 받아 의미 있는 결과를 도출할 수 있는지, 아이디어를 얻고 실행해 보려고 합니다.

첫 과제는 이미 잘 정리되어 있는 국가 통계를 G에게 보여주고 시장 인사이트를 써 달라고 해보겠습니다.
전체 프로세스는 아래와 같습니다.

1. 목표로 하는 기초 데이터 확보
2. 확보한 기초 데이터와 데이터 이해에 도움이 되는 맥락 정보

를 더해 프롬프트 구성

3. G에게 인사이트 정리 요청

1-1 기초 데이터 준비

우리가 사용할 기초 데이터는 통계청이 운영하는 KOSIS 국가통계포털 사이트에서 가져올 것입니다. KOSIS로 이동하시죠. 주소는 kosis.kr입니다.

KOSIS 국가통계포털은 대한민국 인구, 토지, 무역 등 기초 통계뿐 아니라 산업별로 최근 데이터가 실시간으로 업데이트되는 가장 공신력 있는 데이터 소스입니다.

다만, 데이터에 따라 업데이트 주기가 다르기 때문에 관심 있는

통계청이 운영하는 KOSIS에서는 다양한 통계 데이터를 무료로 얻을 수 있다.

주제에 대해서는 업데이트 상황을 먼저 체크해 보시기 바랍니다.

오늘 제가 활용할 통계는 1인 가구에 관련한 통계입니다. 요즘 1인 가구가 늘면서 관련 산업도 함께 성장하고 있습니다. 그래서 1인 가구에 관련된 밀키트 제품을 준비한다고 가정하고 데이터를 찾아보겠습니다.

먼저 국가통계포털에서 '1인 가구'라고 키워드를 넣고 검색 버튼을 클릭하면 다음 이미치처럼 결과가 나옵니다.

KOSIS에서 '1인 가구'를 검색하면 1인 가구와 관련된 다양한 통계를 볼 수 있다.

주요 통계인 1인 가구 수, 1인 가구 비율, 1인 가구 소득이 가장 먼저 눈에 띕니다. 제가 궁금한 것은 연령대별 1인 가구 수와 증감 추이입니다.

하단에 있는 항목들 중 연령대별 세부 지역별 데이터를 클릭합

KOSIS에서 '성 및 연령별 1인 가구' 통계 수치를 검색한 모습이다.

니다. 그런 다음 우측 상단의 '조회설정' 버튼을 클릭해 줍니다. 클릭하면 조회 조건 설정 화면이 나타납니다.

우측 상단의 '조회설정' 버튼을 누르면 '조회조건' 팝업 창이 뜬다.

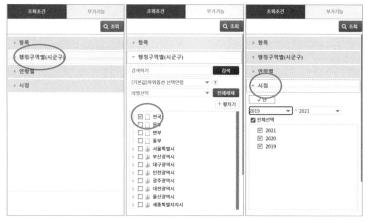

'조회조건' 창에서 행정 구역은 전국으로, 시점은 2019년에서 2021년으로 설정한다.

항목 중 행정구역을 '전국'으로 바꿔보겠습니다.

'행정구역별' 창에서 '전체 해제' 버튼을 한 번 누르면 선택된 지역이 모두 해제됩니다. 다시 전국만 선택합니다. 다음은 '시점' 창을 열어 2019년부터 2021년까지 3개년의 데이터로 선택하겠습니다.

다 하셨으면 우측 상단의 조회 버튼을 누릅니다. 다음 이미지처럼 데이터가 나왔다면 잘 따라오신 겁니다.

이제 이 데이터를 G가 이해할 수 있는 파일 포맷으로 출력해서 가져와 보겠습니다. 조회설정 버튼 왼쪽에 있는 다운로드 버튼을 누릅니다. 팝업 창이 뜨면 파일 형태를 CSV 파일로 선택하고 다운로드 버튼을 누릅니다.

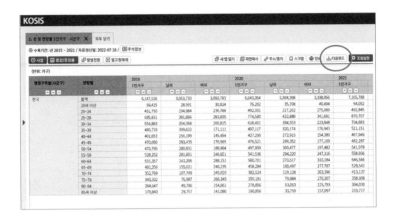

KOSIS에서 조회한 검색 결과를 CSV 형태로 다운 로드한다.

받은 파일을 엑셀이나 구글 스프레드시트에서 열면 다음 이미지처럼 보입니다.

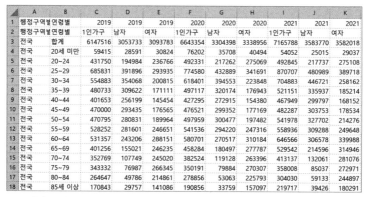

KOSIS에서 CSV 형태로 다운로드한 파일을 엑셀에서 열면 이렇게 보인다.

이 중에 행정구역 열만 제외하고 선택합니다.

	A	B	C	D	E	F	G	H	I	J	K
1	행정구역별	연령별	2019	2019	2019	2020	2020	2020	2021	2021	2021
2	행정구역별	연령별	1인가구	남자	여자	1인가구	남자	여자	1인가구	남자	여자
3	전국	합계	6147516	3053733	3093783	6643354	3304398	3338956	7165788	3583770	3582018
4	전국	20세 미만	59415	28591	30824	76202	35708	40494	54052	25015	29037
5	전국	20~24	431750	194984	236766	492331	217262	275069	492845	217737	275108
6	전국	25~29	685831	391896	293935	774580	432889	341691	870707	480989	389718
7	전국	30~34	554883	354068	200815	618401	394553	223848	704883	446721	258162
8	전국	35~39	480733	309622	171111	497117	320174	176943	521151	335937	185214
9	전국	40~44	401653	256199	145454	427295	272915	154380	467949	299797	168152
10	전국	45~49	470000	293435	176565	476521	299352	177169	482287	303753	178534
11	전국	50~54	470795	280831	189964	497959	300477	197482	541978	327702	214276
12	전국	55~59	528252	281601	246651	541536	294220	247316	558936	309288	249648
13	전국	60~64	531357	243206	288151	580701	270517	310184	646566	306578	339988
14	전국	65~69	401256	155021	246235	458284	180497	277787	529542	214596	314946
15	전국	70~74	352769	107749	245020	382524	119128	263396	413137	132061	281076
16	전국	75~79	343332	76987	266345	350191	79884	270307	358008	85037	272971
17	전국	80~84	264647	49786	214861	278856	53063	225793	304030	59133	244897
18	전국	85세 이상	170843	29757	141086	190856	33759	157097	219717	39426	180291

엑셀 화면에서 필요 없는 정보를 제외하고 복사한다.

이렇게 선택한 상태에서 복사를 합니다. CTRL+C나 마우스 우 클릭 후 복사하기로 복사하셔도 됩니다.

자, 이제 기초 데이터 준비가 끝났습니다. G를 불러 일을 시켜볼 까요.

1-2 프롬프트 준비

앞 단계에서 복사해 온 데이터를 채팅창에 붙여 넣고, 그 아래에 어떻게 인사이트를 요청할지 프롬프트를 씁니다.

연령별	2019	2019	2019	2020	2020	2020	2021	2021	2021
연령별	1인가구	남자	여자	1인가구	남자	여자	1인가구	남자	여자
합계	6147516	3053733	3093783	6643354	3304398	3338956	7165788	3583770	3582018
20세 미만	59415	28591	30824	76202	35708	40494	54052	25015	29037
20~24	431750	194984	236766	492331	217262	275069	492845	217737	275108
25~29	685831	391896	293935	774580	432889	341691	870707	480989	389718
30~34	554883	354068	200815	618401	394553	223848	704883	446721	258162
35~39	480733	309622	171111	497117	320174	176943	521151	335937	185214
40~44	401653	256199	145454	427295	272915	154380	467949	299797	168152
45~49	470000	293435	176565	476521	299352	177169	482287	303753	178534
50~54	470795	280831	189964	497959	300477	197482	541978	327702	214276
55~59	528252	281601	246651	541536	294220	247316	558936	309288	249648
60~64	531357	243206	288151	580701	270517	310184	646566	306578	339988
65~69	401256	155021	246235	458284	180497	277787	529542	214596	314946
70~74	352769	107749	245020	382524	119128	263396	413137	132061	281076
75~79	343332	76987	266345	350191	79884	270307	358008	85037	272971
80~84	264647	49786	214861	278856	53063	225793	304030	59133	244897
85세 이상	170843	29757	141086	190856	33759	157097	219717	39426	180291

위 데이터는 최근 3개년 간 1인 가구 수 통계입니다. 이 데이터를 분석해 연령별 1인 가구 수 증감 전망을 해주세요.

G가 어떻게 분석해 줄지 기대하면서 엔터키를 눌러보겠습니다.

주어진 데이터를 바탕으로 연령별 1인 가구 수에 대해 다음과 같은 관찰 및 예측을 할 수 있습니다.

1. **전체 추세**: 총 1인 가구 수 1인 가구는 2019년 6147.516세대에서 2021년 7.165.788세대로 지난 3년간 꾸준히 증가하고 있습니다. 이러한 추세는 앞으로도 계속될 것으로 예상됩니다.
2. **연령 분포**: 데이터 1인 가구의 대다수가 30~64세에 속하며, 2021년에는 60~64세 1인 가구가 가장 많은 것으로 나타났습니다. 이러한 추세는 미래에는 인구 고령화와 더 많은 개인이 빈둥거리거나 은퇴하게 됩니다.
3. **성별 분포**: 데이터에 따르면 남성과 여성의 1인 가구 수는 거의 같습니다. 여성 1인 가구의 수가 약간 더 많습니다. 이러한 주세는 앞으로도 계속될 것으로 예상됩니다.
4. **연령별 추세**: 연령별 데이터를 살펴보면 몇 가지 흥미로운 추세를 볼 수 있습니다.

- 20세 미만: 이 연령대의 1인 가구 수는 상대적으로 적으며 최근 3년

동안 소폭 감소하고 있습니다. 이것은 이 연령대의 대부분의 젊은이들이 여전히 부모와 함께 살고 있거나 공동생활 방식을 취하고 있다는 사실 때문일 수 있습니다.

- 20-24: 독신 인구 이 연령대의 1인 가구는 지난 3년 동안 점점 더 많은 청년들이 부모의 집을 떠나 독립적인 가정을 꾸리면서 증가하고 있습니다. 이러한 추세는 이 연령대의 인구가 증가함에 따라 앞으로도 계속될 것으로 예상됩니다.

- 25-29: 이 연령대의 1인 가구 수는 지난 3년 동안 꾸준히 증가했지만 20-24세 그룹보다 느린 속도입니다. 이는 결혼 미루기, 출산 등의 요인에 의한 것으로 보이며, 앞으로도 이러한 추세는 계속될 것으로 예상됩니다.

- 30-34: 1인 가구의 수 이 연령대에서 지난 3년 동안 꾸준히 증가했지만 25-29세 그룹보다 느린 속도입니다. 이는 결혼 지연 미혼 또는 무자녀 증가 추세 등의 요인 때문일 가능성이 높습니다.

- 35-39: 이 연령대의 1인 가구 수 범위는 지난 3년 동안 상대적으로 안정적이었으며 2021년에는 약간 감소했습니다. 이는 이 연령대의 개인이 가족을 시작하고 공동생활 방식으로 이동하기 때문일 수 있습니다.

- 40-44: 이 연령대의 1인 가구 수가 지난 3년 동안 증가했지만 25-39세 그룹보다 느린 속도입니다. 이는 이 연령대의 개인이 이혼 또는 별거를 경험하고 독립적인 가정을 꾸리기 때문일 수 있습니다.

- 45-49: 이 연령대의 1인 가구의 수는 지난 3년 동안 비교적 안정적이었고 2021년에는 약간 증가했습니다. 이는 이 연령대의 개인이 독신으로 남아 있거나 이혼 또는 별거를 경험했기 때문일 수 있습니다.

- 50-54세: 이 연령대의 1인가구는 최근 3년간 꾸준히 증가하고 있으

나 40~49세에 비해서는 느린 속도이다. 이는 이 연령대의 개인이 이혼 또는 별거를 경험했거나 독신 생활을 선택했기 때문일 수 있습니다.

- 55-59: 이 연령대의 1인 가구 수 지난 3년 동안 꾸준히 증가했지만 50-54세 그룹보다 느린 속도입니다. 이는 이 연령대의 개인이 이혼 또는 별거를 경험했거나 독신 생활을 선택했기 때문일 수 있습니다.

- 60-64: 이 연령대의 1인 가구 수 증가하고 있습니다. 지난 3년 동안 꾸준히 증가했으며 2021년에는 크게 증가했습니다. 이는 이 연령대의 개인 이 은퇴하거나, 빈둥거리거나, 사별 또는 이혼을 경험하기 때문일 수 있습니다.

- 65-69: 이 연령대의 1인 가구 수는 지난 3년 동안 증가했지만 60-64세보다 느린 속도입니다. 이는 이 연령대의 개인이 은퇴하거나 사별하거나 이혼을 경험했기 때문일 수 있습니다.

- 70-74: 이 연령대의 1인 가구 수는 지난 3년 동안 상대적으로 안정적이었고 2021년에는 약간 증가했습니다. 이는 이 연령대의 개인이 사별하거나 독립적인 삶을 선택하기 때문일 수 있습니다.

- 75-79: 이 연령대의 1인 가구 수는 지난 3년간 꾸준히 증가하고 있지만 65-74세 연령대 보다 느린 속도입니다. 이는 이 연령대의 개인이 사별했거나 독립적인 생활을 선택했기 때문일 수 있습니다.

- 80-84: 이 연령대의 1인 가구 수는 지난 3년 동안 증가했지만 75-79세 그룹보다 느린 속도입니다. 이는 이 연령대의 개인이 사별했거나 독립적인 생활을 선택했기 때문일 수 있습니다.

- 85세 이상: 이 연령대의 1인 가구 수는 지난 3년 동안 꾸준히 증가했지만 75-84세 그룹보다 느린 속도입니다. 이는 이 연령대의 개인이 사별하거나 독립생활을 선택했기 때문일 수 있습니다.

일반적으로 1인 가구의 수는 계속해서 늘어날 것으로 예상할 수 있습니다. 특히 노년층에서 미래에 증가할 것입니다. 이는 결혼 지연, 이혼, 기대 수명 연장, 거주 방식에 대한 태도 변화와 같은 요인 때문일 수 있습니다. 그러나 증가율은 연령대에 따라 다를 수 있으며 일부 그룹은 인구통계 및 사회적 요인에 따라 더 빠르게 또는 더 느리게 성장합니다.

결과가 나왔습니다. 특별히 어떤 식으로 정리해 달라고 요청하지 않았음에도 핵심 포인트를 잘 정리해 주었습니다.

이제는 실제 데이터와 인사이트를 비교해 보면서 데이터가 바르게 사용되었는지 검토해 봅니다. 수정할 것이 있다면 다시 분석을 요청해도 되고 작은 오류가 발견된다면 수정해서 사용하셔도 좋습니다.

추가적으로 알고 싶은 것이 있을 수도 있습니다. 저는 1인 가구의 거주 환경도 밀키트 수요에 영향을 미칠 것 같습니다. 다시 KOSIS로 갑니다. 지역 세팅을 전국으로 선택하고, 거주 환경 데이터를 검색하겠습니다. 거처의 종류에 대한 통계는 2020년 데이터만 존재하는군요.

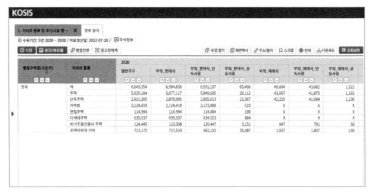

KOSIS에서 1인 가구의 주거 시설 형태에 대한 통계 파일을 검색한 결과이다.

이전과 동일한 과정으로 데이터를 받고 프롬프트를 쓰겠습니다.

거처의 종류	부엌_현대식	부엌_현대식_단독사용	부엌_현대식_공동사용	부엌_재래식	부엌_재래식_단독사용	부엌_재래식_공동사용	부엌없음
계	6594636	6531137	063499	45004	43682	1322	3714
주택	5877117	5849005	28112	43067	41875	1192	X
단독주택	2878980	2855613	23367	42220	41084	1136	X
아파트	2124418	2123908	510	X	X	X	X
연립주택	114584	114484	100	X	X	X	X
다세대주택	635537	634553	984	X	X	X	X
비거주용건물내 주택	123598	120447	3151	847	791	56	X
주택이외의 거처	717519	682132	35387	1937	1807	130	3714

위 데이터는 1인 가구의 거주 형태와 부엌 사용 조건을 나타냅니다. 이 데이터에서 반조리 음식 수요와 관련된 인사이트를 뽑아 정리해 주세요.

제공된 데이터를 기반으로 미리 조리된 식품 수요와 관련된 인사이트를 직접 추출하는 것은 불가능합니다. 그러나 미리 조리된 음식에 대한 수요를 이해하는 데 관련이 있을 수 있는 몇 가지 일반적인 관찰 및 추론을 할 수 있습니다.

1. **주방 유형**: 데이터에 따르면 1인 가구(650만 이상)에는 현대식 또는 현대식 주방이 있습니다. 이는 많은 1인 가구가 처음부터 직접 식사를 요리하는 데 필요한 시설과 장비를 갖추고 있음을 시사합니다.
2. **1인용 주방 대 공용 주방**: 데이터에 따르면 1인 가구의 작은 비율(1% 미만)은 공용 주방을 사용하는 반면, 대다수는 1인용 주방을 사용하거나 주방이 없습니다. 이는 많은 1인 가구가 다른 사람과 공유하는 것보다 자신의 주방 공간을 선호할 수 있음을 시사합니다.
3. **주거 유형**: 데이터에 따르면 대부분의 1인 가구는 가구(580만 이상)는 단독 주택이나 아파트와 같은 전통적인 주택 형태에 살고 있습니다. 이는 많은 1인 가구가 직접 식사를 준비할 수 있는 공간과 인프라를 갖추고 있음을 시사합니다.
4. **비거주 건물**: 데이터에 따르면 상대적으로 적은 수의 1인 가구가 1인 가구(약 120,000)가 비주거용 건물에 거주합니다. 어떤 유형의 비주거용 건물인지는 불분명하지만 일반적으로 주거용으로 설계되지 않은 상업 또는 산업 공간이 포함될 수 있습니다. 이는 일부 1인 가구가 비전통적이거나 비전통적인 주택 배치에 거주할 수 있음을 시사합니다.

데이터가 미리 조리된 식품 수요에 대한 구체적인 통찰력을 제공하지는 않지만 일반적인 추론을 할 수 있습니다. 예를 들어, 많은 1인 가구가 자신의 주방 공간을 가지고 있다는 사실은 그들이 미리 조리된 음식이나 즉석 음식에 의존하기보다 처음부터 직접 식사를 요리할 가능성이 더 높을 수 있음을 시사합니다. 그러나 많은 1인 가구가 전통적인 주택에 살고 있다는 사실은 바쁜 일정이나 다른 제약으로 인해 처음부터 요리하기가 더 어려워 미리 조리된 음식이나 즉석 식품에 대한 수요가 증가할 수 있음을 시사할 수도 있습니다.

G가 답변의 첫 줄부터 해당 데이터로 요청한 조건에 맞는 인사이트를 내는 데 한계가 있음을 미리 밝히고 의견을 주었습니다.

"제공된 데이터를 기반으로 미리 조리된 식품 수요와 관련된 인사이트를 직접 추출하는 것은 불가능합니다. 그러나 미리 조리된 음식에 대한 수요를 이해하는 데 관련이 있을 수 있는 몇 가지 일반적인 관찰 및 추론을 할 수 있습니다."

솔직한 모습에 토닥토닥 칭찬을 해주고 싶습니다.

전반적인 의견은 밀키트 조리에 문제가 없는 곳에 살고 있고, 주거 환경이 밀키트 수요 증가에 큰 영향을 주지는 않을 것이라고 합니다. 안심이 되는군요.

이렇게 국가 통계를 활용해 G에게 의견을 받아 시장 환경 분석을 할 수 있다는 것을 확인해 보았습니다. 가장 신뢰할 수 있는 통계청 데이터를 이용했기 때문에 사업 계획서나 투자 제안서, 정부 지원 사업에 들어가는 시장 환경 분석에 사용하기에도 손색이 없습니다.

그렇지만 반드시 기억하셔야 합니다. **G**가 준 내용은 사람의 2차 검증이 필수입니다. 데이터를 잘못 가져오거나 잘못 해석하는 오류가 종종 발생하기도 하니까요.

Tip. 국내외 통계 사이트

시장 조사를 위해 G와 함께 쓸 만한 국내외 통계 사이트를 몇 가지 소개해 드리겠습니다. 오늘 살펴본 데이터뿐 아니라 국내외 신뢰할 만한 데이터 소스가 있다면 적극적으로 활용하여 G에게 분석을 요청하는 연습을 해보시길 바랍니다.

한국 통계청	kosis.kr
미국 통계청	census.gov
EU 통계 사이트	data.europa.eu
구글 트렌드	trends.google.com
미국 정부 공공 데이터 포털	data.gov
헬스데이터 (미국 보건복지 데이터 포털)	healthdata.gov
영국 정부 공공 데이터 포털	data.gov.uk
월드 팩트북	cia.gov/the-world-factbook
오픈 코포레이츠 (1억 개의 기업 정보)	opencorporates.com

분석 프레임워크를 이용한 프롬프트

비즈니스 프레임워크에 대하여 얼마나 알고 계신가요? 혹시 사용하고 계신가요? SWOT, 4P, 3C, PEST, 페르소나 같은 용어를 하나라도 들어보신 적이 있다면 일단 출발이 좋습니다. 오늘은 이런 비교적 익숙한 비즈니스 분석 프레임워크를 적용하여 G와 함께 일을 해보려고 합니다.

우리는 창업 준비를 하거나 사업을 운영하는 데에 이미 잘 만들어진 프레임워크를 사용하곤 합니다. 프레임워크는 단어 뜻 그대로 '대상을 해석하는 사고의 틀'입니다.

그 대상은 제품이나 서비스 자체가 될 수도 있고 고객이 가진 문제점이 될 수도 있습니다. 원하는 목표나 처한 상황에 따라 적절한 프레임워크를 선택하여 사용하시면 됩니다. G를 MBA에 유학 보낸 후 프레임워크를 어떻게 이해하는지 확인해 보겠습니다.

WARTON MBA 출신인 당신이 이해하는 비즈니스 프레임워크란 무엇인지 설명해 주세요. 그리고 대표적인 프레임워크와 간략한 설명, 적용 분야를 포함하여 표 형식으로 만들어서 보여주세요. 제가 초등학생이란 것을 잊지 말고 가능한 한 쉽게 써주세요.

졸업한 MBA 프로그램에서, 저는 비즈니스 프레임워크가 복잡한 비즈니스 문제를 분석하고 해결하는 데 도움이 되는 도구 또는 모델이라는 것을 이해합니다. 이러한 프레임워크는 구조화된 문제 해결 및 의사 결정 방법을 제공하여 조직이 데이터, 분석 및 베스트 프랙티스에 기반한 더 나은 결정을 내릴 수 있도록 지원합니다.
아래는 일반적인 비즈니스 프레임워크, 유형 및 활용 방법을 설명하는 표입니다.

프레임워크	유형	설명	적용 분야
SWOT 분석	전략	조직의 강점, 약점, 기회, 위협을 파악합니다.	전략 기획, 경쟁 분석, 시장 조사

포터의 5 Forces	전략	공급자의 협상력, 바이어의 협상력, 새로운 참여자의 위협, 대체 제품 또는 서비스의 위협, 기존 경쟁 업체 간의 경쟁력을 평가하여 경쟁 환경 및 산업의 매력도를 분석합니다.	전략 기획, 시장 조사, 경쟁 분석
가치사슬 분석	운영	고객에게 가치를 제공하기 위해 조직이 수행하는 다양한 활동을 분석하고 효율성을 향상시키고 비용을 줄이는 기회를 식별합니다.	공정 개선, 비용 최적화, 공급망 관리
비즈니스 모델 캔버스	전략	고객 세그먼트, 가치제안, 채널, 수익 스트림 및 비용 구조와 같은 주요 요소를 식별하여 조직의 비즈니스 모델을 정의하고 분석하는 시각적 도구입니다.	비즈니스 모델 개발, 전략 기획
맥킨지 7S 프레임워크	조직	전략, 구조, 시스템, 인력, 기술, 스타일 및 공유 가치와 같은 조직의 일곱 가지 요소를 분석하여 일치 및 불일치를 식별합니다.	조직 설계, 변경 관리, 전략 기획

그럼 이런 비즈니스 프레임워크를 왜 써야 하는지 물어보겠습니다.

왜 비즈니스 프레임워크를 써야 하나요?

👍 👎

비즈니스 프레임워크를 사용하면 복잡한 비즈니스 문제를 분석하고 해결하는 구조화된 접근 방식을 제공하므로 매우 유용할 수 있습니다. 또한 문제 해결에 대한 보다 체계적이고 데이터 중심적인 접근 방식을 제공하여 더 나은 정보에 입각한 결정을 내리는 데 도움이 될 수 있습니다.

비즈니스 프레임워크 사용의 다른 이점은 다음과 같습니다.
1. 문제에 대한 더 나은 이해: 프레임워크는 복잡한 문제를 더 작고 관리하기 쉬운 부분으로 분해하여 더 쉽게 이해하고 해결할 수 있도록 도와줍니다.
2. 일관되고 반복 가능한 접근 방식: 프레임워크는 문제 해결에 대한 일관되고 반복 가능한 접근 방식을 제공하며, 이는 다양한 문제에 대해 반복해서 사용할 수 있습니다.
3. 시간 절약: 다음을 사용하여 프레임워크를 사용하면 새로운 문제에 직면할 때마다 처음부터 시작하지 않아도 되므로 시간을 절약할 수 있습니다. 대신 입증되고 검증된 방법을 사용하여 주요 문제를 신속하게 식별하고 해결책을 찾는 데 집중할 수 있습니다.
4. 개선된 의사 결정: 프레임워크를 통해 더 나은 정보를 얻을 수 있습니다. 데이터를 수집 및 분석하고, 다양한 옵션을 평가하고, 잠재적인 결과

를 평가하는 구조화된 방법을 제공하여 의사 결정을 내릴 수 있습니다.

전반적으로 비즈니스 프레임워크를 사용하면 문제에 더 접근하는 데 도움이 될 수 있습니다. 보다 효율적이고 효과적인 의사 결정, 문제 해결 및 궁극적으로 더 나은 비즈니스 성과로 이어질 수 있는 체계적이고 체계적인 방식입니다.

여기까지 답변을 받고 나니 어떤 비즈니스 프레임워크가 더 있는지 궁금해집니다. 사용 용도를 경쟁 분석으로 좁혀 10개의 비즈니스 프레임워크를 알려 달라고 요청해 보겠습니다.

이중에서 경쟁 분석에 도움이 되는 프레임워크를 10가지만 추천하여 동일한 양식의 표로 만들어 주세요.

프레임워크	발명자	목적	사용 방법
포터의5개 경쟁력 요인	마이클 포터	회사의 경쟁 환경과 산업의 매력도 분석	공급업체와의 교섭력, 구매자의 교섭력, 새로운 진입자의 위협, 대체 제품 또는 서비스의 위협, 기존 경쟁 업체들간의 경쟁력 파악

SWOT 분석	알버트 험프리	회사의 내부 강점과 약점, 외부 기회와 위협을 파악하기 위한 분석 방법	4개의 칸으로 구성된 매트릭스를 만들어 결과를 분석 및 비교
BCG 매트릭스	보스턴 컨설팅 그룹	회사의 사업부 및 제품 라인을 분석하기 위한 매트릭스	제품을 별, 질문표, 현금소, 개체로 분류하는 매트릭스 생성
블루 오션 전략	W. Chan Kim 및 Renée Mauborgne	경쟁을 무의미하게 만들고 경쟁업체 없는 시장 공간을 창출하기 위한 전략	기존 시장에서 경쟁하는 것이 아닌 새로운 시장 공간을 창출하는 전략 구상
가치 사슬 분석	마이클 포터	제품 또는 서비스에 가치를 부여하는 방법 분석	회사가 수행하는 기본 및 지원 업무를 파악하고 비용 절감 및 가치 창출 기회를 찾아내기 위한 분석
맥킨지7S 프레임워크	톰 피터스 및 로버트 워터먼	회사의 조직 효율성 분석을 위한 프레임워크	조직의 전략, 구조, 시스템, 인력, 기술, 스타일, 공유 가치7가지 핵심 요소 분석 및 평가
OKR 프레임워크	안디 그로브 및 존 도어	회사의 목표 설정 및 진척도 측정을 위한 프레임워크	구체적, 측정 가능
능력 성숙도 모델 통합	소프트웨어 공학 연구소	회사의 소프트웨어 개발 프로세스의 품질과 성숙도를 향상시키기 위해	소프트웨어 개발을 위한 최상의 실천 방법을 정의하고, 그러한 실천 방법을 얼마나 잘 준수하는지에 따라 회사의 성숙도를 측정하는 것입니다.
파괴적 혁신	클레이튼 크리스텐슨	기존 시장을 파괴하고 새로운 시장을 창출하기 위한 것	저비용, 간편성 또는 편리성과 같은 새로운 기술 또는 비즈니스 모델을 파괴적으로 만드는 요인에 초점을 맞춥니다.
안솔프 매트릭스	이고르 안솔프	회사의 성장 옵션을 분석하기 위해	시장 침투, 제품 개발, 시장 개발 및 다각화로 회사의 성장 옵션을 네 가지 범주로 분류하는 행렬을 만드는 것입니다.

그럼 이제 **G**가 알려준 리스트 중에서 몇 가지 프레임워크를 뽑아 프롬프트로 사용해 보겠습니다.

2-1 SWOT 분석

가장 먼저 사용해 볼 프레임워크는 SWOT 분석입니다. SWOT은 강점Strength, 약점Weakness, 기회Opportunity, 위협Threat을 의미하는 영단어의 첫 글자를 따 만든 이름입니다.

자사 또는 경쟁사가 시장에서 현재 어떤 위치에 있는지, 성장 가능성 또는 개선 가능성이 있는지 평가하는 데 사용하는 경쟁 분석 프레임 워크 중 하나입니다.

- 강점과 약점은 조직 내의 내부 요인을 나타내고 기회와 위협은 외부 요인을 나타냅니다.
- 강점은 경쟁 우위를 제공하는 조직의 고유한 자질 또는 리소스이며, 약점은 조직이 부족하거나 개선할 수 있는 영역입니다.
- 기회는 조직에 유리한 외부 요인입니다. 위협은 조직의 성공에 부정적인 영향을 미칠 수 있는 외부 요인입니다.
- SWOT 분석은 강점과 기회를 활용하고 약점은 보완하고 위협을 피하거나 줄여 궁극적으로 전략을 개발하는 데 사용합니다.

SWOT 분석은 이미 수십 년 전에 개발된 프레임워크임에도 여전히 사업 분석의 기본 메뉴처럼 사용됩니다. 특히 투자 제안서나 정부 지원 사업 신청 시 제안서 템플릿의 단골 메뉴이기도 합니다.

많은 분들이 관심을 가지고 있는 테슬라에 대하여 **G**에게 SWOT 분석을 요청해 보겠습니다. 프롬프트는 매우 간단합니다. 프레임워크 자체가 이미 맥락이나 분량, 결과물의 포맷을 설명하고 있기 때문입니다.

테슬라에 대해 SWOT 분석을 해주세요.

물론입니다. Tesla에 대한 SWOT 분석은 다음과 같습니다.

강점:
1. **강력한 브랜드 인지도:** Tesla는 전기 자동차(EV) 산업의 리더로 자리 매김했습니다. 혁신적이고 미래 지향적인 회사로 간주되는 경우가 많습니다.
2. **기술 혁신:** Tesla는 EV 기술의 최전선에 있으며 Autopilot 시스템, Supercharger 네트워크, 오버 무선 소프트웨어 업데이트.

3. **고품질 제품**: Tesla의 차량은 성능, 안전 및 지속 가능성으로 유명하며 환경을 생각하는 소비자에게 어필합니다.
4. **수직 통합**: Tesla 제조에서 판매에 이르는 전체 공급망을 통제하여 효율성을 높이고 비용을 절감할 수 있습니다.

약점:
1. **생산 제약**: Tesla는 과거에 생산 문제에 직면하여 지연과 백로그가 발생했습니다.
2. **높은 가격**: Tesla 제품의 가격은 종종 t보다 높습니다. 수많은 경쟁업체로 인해 예산에 민감한 소비자의 접근성이 떨어질 수 있습니다.
3. **정부 인센티브에 대한 의존성**: Tesla의 판매는 EV에 대한 정부 인센티브에 크게 의존해 왔으며 향후 단계적으로 폐지될 수 있습니다.
4. **제한된 제품 라인**: Tesla는 현재 제한된 범위의 차량만 제공하므로 다양한 유형의 차량을 찾는 소비자에게 매력적이지 않을 수 있습니다.

기회:
1. **EV 수요 증가**: EV 수요는 지속적으로 증가할 것으로 예상되며 이는 Tesla가 시장 점유율을 높일 수 있는 중요한 기회를 제공합니다.
2. **신규 시장으로의 확장**: Tesla는 아시아 및 유럽과 같은 새로운 지리적 시장으로 사업을 확장할 수 있는 기회를 가지고 있습니다.
3. **제품 라인의 다양화**: Tesla는 제품을 다양화하기 위해 전기 트럭, 버스 및 오토바이와 같은 새로운 제품 라인을 도입할 수 있습니다. 더 넓은 범위의 소비자에게 어필할 수 있습니다.
4. **에너지 제품의 확장**: Tesla는 새로운 수익원을 제공할 수 있는 태양광 패널 및 가정용 배터리와 같은 에너지 제품을 확장할 기회가 있습니다.

위협:

1. **경쟁:** Tesla는 기존 자동차 제조업체 및 EV 시장의 신규 진입자와의 경쟁 심화에 직면해 있습니다.

2. **경제 및 정치적 불확실성:** 경제 침체와 정부 정책의 변화는 EV에 대한 소비자 수요와 정부 인센티브에 영향을 미칠 수 있습니다.

3. **공급망 중단:** Tesla의 공급망 중단은 Tesla의 생산 및 고객에게 제품을 제공하는 능력에 영향을 미칠 수 있습니다.

4. **기술 발전:** EV 기술의 급속한 발전으로 인해 Tesla 제품의 경쟁력이 저하될 수 있습니다. 혁신의 속도와 함께.

이 결과를 우리가 앞에서 사용해 본 여섯 가지 사고모자 기법으로 다시 분석해 보겠습니다.

2-2 여섯 가지 사고모자 기법

하나의 프레임워크로 분석한 결과를 다른 프레임워크를 사용해 새로운 관점으로 확인해 볼 수 있습니다. 이번에는 G에게 여섯 가지 사고모자 프레임워크를 활용해 추가 분석을 해 달라고 요청해 보겠습니다.

SWOT 분석 결과를 6hats 프레임워크로 추가로 분석해 주세요.

물론이죠! 다음은 Six Thinking Hats 프레임워크를 사용한 SWOT 분석 결과 분석입니다.

1. White Hat- Facts and Information: SWOT 분석은 Tesla의 강점, 약점, 기회와 위협. 흰색 모자는 사실과 데이터에 초점을 맞춘 중립적이고 객관적인 관점을 나타냅니다.

2. Red Hat- Emotions and Feelings: 감정적 관점에서 SWOT 분석을 고려할 때 Tesla의 강점 자부심과 자신감을 불러일으킬 수 있는 반면 약점은 걱정이나 불확실성을 유발할 수 있습니다. 기회는 흥분과 희망을 불러일으킬 수 있지만 위협은 두려움이나 불안을 불러일으킬 수 있습니다.

3. 검은 모자- 비판적 사고: 비판적 사고의 맥락에서 SWOT 분석은 정부 인센티브에 대한 의존성 및 경쟁 위협과 같은 Tesla의 잠재적인 위험과 과제를 식별하는 데 사용됩니다. 이러한 문제를 신중하게 고려하고 이를 완화하기 위한 전략을 개발하는 것이 중요합니다.

4. 노란색 모자- 낙관주의와 긍정성: 노란색 모자는 낙관적 관점을 나타내며 잠재적인 기회와 테슬라의 혜택. EV에 대한 수요 증가와 새로운 시장 및 제품 라인으로의 잠재적인 확장은 회사에 흥미로운 기회를

제공합니다.

5. **Green Hat- 창의성과 혁신**: SWOT 분석도 사용할 수 있습니다. 창의적이고 혁신적인 사고를 자극합니다. 예를 들어 Tesla는 SWOT 분석 정보를 사용하여 생산 제약을 극복하고 새로운 소비자 요구를 해결하는 새로운 제품 및 서비스를 개발하는 방법을 식별할 수 있습니다.

6. **Blue Hat- 조직 및 계획**: 마지막으로 SWOT 분석을 사용하여 Tesla의 미래 전략을 구성하고 계획할 수 있습니다. 강점, 약점, 기회 및 위협을 고려함으로써 회사는 위험과 기회를 다루고 목표를 달성하기 위해 강점을 활용하는 포괄적인 계획을 개발할 수 있습니다. 파란 모자는 성공을 위한 조직화 및 계획에 초점을 맞춘 리더십 관점을 나타냅니다.

전반적으로 SWOT 분석은 Tesla의 현재 위치와 잠재적인 미래 방향에 대해 생각하는 데 유용한 프레임워크를 제공합니다. Six Thinking Hats 프레임워크를 사용하여 다양한 관점에서 분석을 고려할 수 있으므로 잠재적인 문제, 기회 및 성공 전략을 식별하는 데 도움이 될 수 있습니다.

자사와 경쟁 분석이 어느 정도 됐습니다. 그런데 우리가 여기서 멈추면 안 되겠죠. 무엇을 해야 하는지에 대한 내용이 아쉽습니다. 또 다른 프레임워크를 사용해 볼까요.

2-3 4P 전략

이번에는 전통적인 프레임워크인 4P Product, Price, Place, Promotion 전략을 사용해서 테슬라의 사업 전략을 정리해 보겠습니다.

위 분석 결과를 토대로 4P 전략을 수립해 주세요.

물론이죠! SWOT 분석 결과에 기반한 Tesla의 잠재적인 4P 전략은 다음과 같습니다.

1. 제품: Tesla는 환경에 호소하는 고품질의 혁신적이며 지속 가능한 제품 개발에 계속 집중해야 합니다. -의식있는 소비자. 여기에는 전기 트럭, 버스 및 오토바이와 같은 새로운 유형의 차량을 포함하도록 제품 라인을 확장하는 것이 포함될 수 있습니다. 또한 Tesla는 차량의 성능과 안전성을 개선하는 신기술 개발에 지속적으로 투자해야 합니다.
2. 가격: Tesla의 현재 가격 책정 전략은 일부 소비자에게는 진입 장벽이 될 수 있습니다. , 따라서 회사는 시장 점유율을 높이기 위해 제품에 대해 더 저렴한 옵션을 제공하는 것을 고려해야 합니다. 여기에는 기존 모델의 더 저렴한 버전을 제공하거나 더 넓은 범위의 소비자에게

어필할 수 있는 새로운 보급형 모델을 도입하는 것이 포함될 수 있습니다.

3. 장소: Tesla는 이미 온라인에서 강력한 입지를 구축했습니다. 존재 및 소비자 직접 판매 모델이지만 회사는 더 많은 소매점과 서비스 센터를 열어 물리적 공간을 확장하는 것도 고려해야 합니다. 이는 제품 및 서비스에 대한 접근성을 개선하고 전반적인 고객 경험을 향상시키는 데 도움이 될 것입니다.

4. 프로모션: 시장 점유율을 지속적으로 높이고 브랜드 인지도를 유지하기 위해 Tesla는 확장을 고려해야 합니다. 환경을 생각하는 소비자의 핵심 청중을 넘어서는 마케팅 노력. 여기에는 대상 광고 캠페인, 다른 브랜드 또는 조직과의 파트너십, 더 많은 청중에게 다가가는 후원 이벤트가 포함될 수 있습니다. 또한 Tesla는 브랜드 홍보대사와 소셜 미디어 플랫폼을 활용하여 가시성을 높이고 소비자와 소통해야 합니다.

전반적으로 Tesla의 4P 전략은 기술 우위를 유지하는 데 집중해야 합니다. 또한 가격 책정, 접근성, 도달 범위를 확대하고 보다 광범위한 소비자에게 어필할 수 있는 마케팅 노력을 다룹니다.

이렇게 테슬라의 자사, 경쟁사 분석을 하고 그것을 토대로 4P 전략까지 수립해 봤습니다. 일론 머스크가 이 내용을 보면 고개를 저을지 끄덕일지는 모르겠습니다.

실제 전략 기획에서는 이보다 고려할 것들이 많고 입력해 줘야 할 맥락 데이터 역시 자주 업데이트되기 때문에 이대로 복사 붙여넣기해서 사용하기에는 적절치 않을 수 있습니다.

제가 기대하는 것은 독자님이 이미 알고 있는 프레임워크를 G와 함께 활용하는 것입니다. 프레임워크를 적용해 분석하고 의사결정을 하는 과정 중 어떤 부분에서 G의 도움을 받을 수 있는지 아이디어를 얻으셨길 바랍니다.

이제 여러분의 액션이 필요한 단계입니다. 지금까지 함께 살펴본 프레임워크를 활용하여 여러분의 사업 아이디어를 분석해 보고, 실행 전략의 틀을 잡는 연습을 해보시기 바랍니다. 어떤 비즈니스 분석 과제가 주어져도 프레임워크와 G를 함께 활용하여 빠르게 결과를 낼 자신감이 생기실 겁니다.

Step 3

고객 분석을 위한 프롬프트

사업의 시작과 끝은 고객입니다. 극단적으로 자본, 기술, 직원 모든 것이 없더라도 고객만 있으면 사업은 지속되니까요. 오늘은 고객을 이해하는 과정을 **G**와 함께 해보도록 하겠습니다.

월마트의 창업주 샘 월튼이 이런 말을 한 적이 있습니다.

"단 한 명의 보스가 있다면 그건 '고객'이다. 고객은 기업 회장을 포함해 누구라도 해고할 수 있다. 그냥 다른 곳에 돈을 쓰기만 하면 된다."

고객을 찾는 과정은 시장 분석과 연결됩니다. 고객의 문제를 돈과 교환하는 곳이 시장이니까요. 시장이란 고객이 우리 제품을 경험하는 곳이자 동시에 나의 경쟁자를 경험하는 곳이기도 합니다.

이 책은 경영학이나 마케팅 서적이 아닙니다. 일반적인 고객 분석의 절차인 '시장 조사-데이터 수집 분석-고객 특성 정의-고객 프로필(페르소나) 설정-검증' 중에서 G가 도움을 줄 수 있는 특정 과업만을 다룰 것입니다.

지금부터 우리의 궁극적인 목표는 G와 함께 고객이 누구인지 이해하고 페르소나를 만드는 것입니다. G와 시도해 볼 과제는 아래와 같습니다.

1. 고객의 문제를 발견하는 설문지 작성
2. 고객의 페인 포인트를 찾는 경쟁사 리뷰 분석 프롬프트
3. 설문 결과 분석
4. 설문 결과로 고객 페르소나 설정

3-1 설문지 문항 만들기

G와 함께 잠재 고객을 알기보기 위한 설문지를 만들어 보겠습니다. 설문의 구성은 비즈니스가 어떤 단계에 있는지에 따라, 또는 산업군에 따라 크게 달라질 수 있습니다. 막연하게 설문을 제작하기보다는 가상으로 제품을 하나 설정해 보겠습니다.

지금부터 우리의 과제는 '로컬 독립 카페 창업 비즈니스'를 준비하는 것입니다. 이를 위해 고객 설문을 진행하려고 하는데, 설문에서 수집하고자 하는 데이터는 크게 인구 통계 데이터Who, 구매 동

기Why, 구매 행동 데이터When, How, What입니다.

    G에게 고객 페르소나 발견을 위한 설문지 작성을 요청하기 전에 G가 이에 대해 어느 정도의 지식을 가지고 있는지 확인해 보겠습니다.

고객 페르소나를 찾기 위해 작성해야 하는 설문지에 무엇이 들어가야 하는지 설명해 주세요.

👍 👎

고객 페르소나를 찾기 위해 설문지를 만들 때 대상 고객의 인구 통계, 심리 통계, 행동, 요구 사항 및 문제점에 대한 통찰력을 제공하는 질문을 설계하는 것이 중요합니다. 다음은 고객 성격 설문지를 만들 때 고려해야 할 몇 가지 주요 요소입니다.

1. **인구통계**: 인구통계학적 질문은 연령, 성별, 소득, 교육, 결혼 여부 및 지리적 위치.
2. **심리학적 질문**: 심리적 질문은 대상 고객의 가치, 태도, 성격, 관심사 및 라이프스타일에 대한 통찰력을 제공합니다. 이러한 질문에는 취미, 좋아하는 TV 프로그램, 음악 또는 책, 정치적 견해 및 다양한 사회적 문제에 대한 의견에 대한 질문이 포함될 수 있습니다.

3. **행동**: 행동 질문은 대상 청중의 습관, 선호도 및 의사 결정 프로세스. 쇼핑 습관, 미디어 소비 및 소셜 미디어 사용에 대한 질문은 그들이 브랜드 및 제품과 상호 작용하는 방식을 이해하는 데 도움이 될 수 있습니다.

4. **요구 및 고충**: 대상 고객의 고충에 대한 질문 포인트, 도전 과제 및 요구 사항은 동기를 부여하는 요소와 제품 또는 서비스가 문제를 해결하는 방법을 이해하는 데 도움이 될 수 있습니다.

5. **고객 여정**: 브랜드에 대한 대상 고객의 경험에 대한 질문 , 귀하의 제품 또는 서비스를 처음 알게 된 방법, 다양한 옵션을 평가하는 방법, 구매 결정에 영향을 미치는 요인 등을 포함하여 더욱 타겟이 분명한 마케팅 및 커뮤니케이션 전략을 수립하는 데 도움이 될 수 있습니다.

답변률을 높이려면 설문지를 간결하고 쉽게 작성하는 것이 중요합니다. 조사 목표에 따라 인터뷰나 포커스 그룹과 같은 추가 조사 방법을 수행하여 고객 페르소나를 검증하고 개선해야 할 수도 있습니다.

역시 MBA 출신이라 그런지 G가 충분히 잘 이해하고 있는 듯합니다.

바로 설문지 작성을 요청해 보겠습니다.

바리스타 혼자 운영하는 지역 독립 카페를 운영하고 있습니다.

1. 위 페르소나 설문의 다섯 가지 개요를 포함하여 방문 고객을 대상으로 설문지를 작성합니다.
2. 캐주얼한 스타일로 작성해 주세요.
3. 번호, 카테고리, 질문 형식으로 표 형식으로 작성해 주세요.

👍 👎

당신의 나이는?

성별은 무엇입니까?

직업이 뭐에요?

당신의 취미나 관심사는 무엇입니까?

선호하는 커피 음료는 무엇입니까?

귀하는 저희 커피숍을 얼마나 자주 방문하십니까?

저희 커피숍을 방문하신 이유는 무엇입니까?

우리 커피숍에서 가장 좋아하는 것은 무엇입니까?

우리 커피숍에서 가장 싫어하는 것은 무엇입니까?

다른 사람에게 우리 커피숍을 추천한 적이 있습니까? 있다면, 누구와 왜?

친구나 동료에게 우리 커피숍을 추천할 가능성은 얼마나 됩니까?

저희 커피숍에 대해 처음 어떻게 알게 되셨나요?

경쟁사의 커피숍을 방문한 적이 있습니까? 그렇다면, 우리 커피숍과 비교하여 어떤 것이 있고 어떻게 비교됩니까?

저희 커피숍의 판촉이나 행사 소식을 들을 때 선호하는 의사소통 방법은 무엇입니까?

저희 커피숍에서 어떤 유형의 이벤트나 프로모션에 참여하고 싶으십니까?

일반적으로 저희 커피숍을 혼자 방문하시나요 아니면 다른 사람들과 함께 방문하시나요?

커피숍을 방문할 때 선호하는 분위기는 무엇입니까?

커피숍을 선택할 때 커피의 품질이 얼마나 중요합니까?

커피숍을 선택할 때 음식의 품질이 얼마나 중요합니까?

커피숍을 선택할 때 커피 가격이 얼마나 중요합니까?

커피숍을 선택할 때 커피숍의 위치는 얼마나 중요합니까?

저희 커피숍을 방문하실 때 직면하는 가장 큰 어려움은 무엇입니까?

우리 커피숍에서의 경험을 어떻게 개선할 수 있습니까?

저희 커피숍에서의 경험에 대해 공유하고 싶은 다른 사항이 있으신가요?

G가 25개의 문항을 적어 주었습니다. 문항을 검토해 보니 나이, 성별 등 일부 문항은 관점에 따라 부적합한 민감 정보일 수 있습니다. 하지만 일단 이대로 가상의 설문을 진행하겠습니다.

3-2 고객의 페인 포인트를 찾는 프롬프트

이제 고객 열 명에게 가상의 대면 설문을 진행하겠습니다. 저는

G에게 가상의 고객 열 명의 설문 결과를 생성해 달라고 했습니다.
지면 낭비를 막기 위해 하나의 결과물만 확인해 보겠습니다.

Sarah, 영업 담당자, 32
좋아하는 커피 음료: 카푸치노
노트북으로 일하기 위해 일주일에 두 번 커피숍을 방문
커피숍에서 가장 좋아하는 것: 차분한 분위기
커피숍에서 가장 싫어하는 것: 제한된 좌석 space
커피의 품질과 친절한 직원 때문에 동료에게 커피숍을 추천함
친구나 동료에게 커피숍을 추천할 가능성이 매우 높음
친구에게 커피숍에 대해 들었음
경쟁사의 커피숍을 방문했지만 이 커피숍의 커피와 분위기를 선호함
프로모션을 위한 선호하는 커뮤니케이션 방법: 이메일
커피 시음회 및 라이브 음악 행사 참석에 관심
일반적으로 혼자 커피숍 방문
커피숍 방문 시 조용한 분위기 선호
품질 커피는 매우 중요합니다
음식의 질은 다소 중요함
커피 가격이 다소 중요함
커피숍의 위치가 다소 중요함
가장 큰 과제는 노트북에서 작업할 테이블을 찾는 것
더 많은 좌석 공간을 추가하여 경험을 개선할 수 있습니다.

한 번에 열 개의 결과가 전부 출력이 되지 않을 수 있습니다. 그럴 때에는 'Continue' 또는 한글 프롬프트일 경우 '계속'이라고 써주면 이어서 결과를 출력해 줍니다.

네, 이제 열 개의 고객 설문을 받았습니다. 고객 설문 문항과 열 개의 결과를 프롬프트 창에 입력해 주겠습니다. 질문과 답변을 대괄호로 구분해 프롬프트로 입력해 줍니다.

[질문]
당신의 나이는?
성별은 무엇입니까?
직업이 뭐에요?
당신의 취미나 관심사는 무엇입니까?
선호하는 커피 음료는 무엇입니까?
귀하는 저희 커피숍을 얼마나 자주 방문하십니까?
저희 커피숍을 방문하신 이유는 무엇입니까?
우리 커피숍에서 가장 좋아하는 것은 무엇입니까?
우리 커피숍에서 가장 싫어하는 것은 무엇입니까?
다른 사람에게 우리 커피숍을 추천한 적이 있습니까? 있다면, 누구와 왜?
친구나 동료에게 우리 커피숍을 추천할 가능성은 얼마나 됩니까?
저희 커피숍에 대해 처음 어떻게 알게 되셨나요?
경쟁사의 커피숍을 방문한 적이 있습니까? 그렇다면, 우리 커피숍과 비교하여 어떤 것이 있고 어떻게 비교됩니까?

저희 커피숍의 판촉이나 행사 소식을 들을 때 선호하는 의사소통 방법은 무엇입니까?

저희 커피숍에서 어떤 유형의 이벤트나 프로모션에 참여하고 싶으십니까?

일반적으로 저희 커피숍을 혼자 방문하시나요 아니면 다른 사람들과 함께 방문하시나요?

커피숍을 방문할 때 선호하는 분위기는 무엇입니까?

커피숍을 선택할 때 커피의 품질이 얼마나 중요합니까?

커피숍을 선택할 때 음식의 품질이 얼마나 중요합니까?

커피숍을 선택할 때 커피 가격이 얼마나 중요합니까?

커피숍을 선택할 때 커피숍의 위치는 얼마나 중요합니까?

저희 커피숍을 방문하실 때 직면하는 가장 큰 어려움은 무엇입니까?

우리 커피숍에서의 경험을 어떻게 개선할 수 있습니까?

저희 커피숍에서의 경험에 대해 공유하고 싶은 다른 사항이 있으신가요?

[답변]

Sarah, 영업 담당자, 32

좋아하는 커피 음료: 카푸치노

노트북으로 일하기 위해 일주일에 두 번 커피숍을 방문

커피숍에서 가장 좋아하는 것: 차분한 분위기

커피숍에서 가장 싫어하는 것: 제한된 좌석 space

커피의 품질과 친절한 직원 때문에 동료에게 커피숍을 추천함

친구나 동료에게 커피숍을 추천할 가능성이 매우 높음

친구에게 커피숍에 대해 들었음

경쟁사의 커피숍을 방문했지만 이 커피숍의 커피와 분위기를 선호함

프로모션을 위한 선호하는 커뮤니케이션 방법: 이메일

커피 시음회 및 라이브 음악 행사 참석에 관심

일반적으로 혼자 커피숍 방문

커피숍 방문 시 조용한 분위기 선호

품질 커피는 매우 중요합니다

음식의 질은 다소 중요함

커피 가격이 다소 중요함

커피숍의 위치가 다소 중요함

가장 큰 과제는 노트북에서 작업할 테이블을 찾는 것

더 많은 좌석 공간을 추가하여 경험을 개선할 수 있습니다.

감사합니다! 이 답변은 매우 유용합니다.

G가 잘 이해한 것 같습니다. 이제 이 결과를 분석해 달라고 요청하면 됩니다.

3-3 설문 결과 분석

앞서 G가 잘 이해하고 있다고 밝힌 내용을 다시 한번 상기시키면서 고객 페르소나 분석을 요청하겠습니다.

위 답변에 대해서 아래의 기준을 참고해서 범주를 나눠서 고객을 분석해 주세요.

고객 페르소나를 찾기 위한 설문지를 작성할 때는 대상 청중의 인구 통계학, 심리학, 행동, 필요성 및 고통 포인트에 대한 통찰력을 제공할 질문을 디자인하는 것이 중요합니다. 다음은 고객 페르소나 설문지를 작성할 때 고려해야 할 주요 요소입니다.

인구 통계학: 인구 통계학적 질문은 대상 청중의 나이, 성별, 소득, 교육 수준, 결혼 여부 및 지리적 위치와 같은 기본적인 특성을 이해하는 데 도움이 됩니다.
심리학: 심리학적 질문은 대상 청중의 가치관, 태도, 성격, 관심사 및 생활 방식에 대한 통찰력을 제공합니다. 이러한 질문은 취미, 좋아하는 TV 프로그램, 음악, 책, 정치적 견해 및 다양한 사회 문제에 대한 의견 등을 포함할 수 있습니다.
행동: 행동적 질문은 대상 청중의 습관, 선호도 및 결정 과정에 대한 통찰력을 제공합니다. 쇼핑 습관, 미디어 소비 및 소셜 미디어 사용 등에 대한

질문은 브랜드와 제품과의 상호 작용 방식을 이해하는 데 도움이 됩니다.
필요성 및 고통 포인트: 대상 청중의 고통 포인트, 문제 및 필요성에 대한 질문은 그들을 동기부여하는 것과 제품이나 서비스가 어떻게 그들의 문제를 해결할 수 있는지 이해하는 데 도움이 됩니다.
고객 여정: 대상 청중이 브랜드와의 경험을 포함하여 제품이나 서비스에 대해 처음 어떻게 인식하게 되었는지, 다른 옵션을 어떻게 평가하는지, 어떤 요인이 구매 결정에 영향을 미치는지에 대한 질문은 보다 특정화된 마케팅 및 커뮤니케이션 전략을 작성하는 데 도움이 됩니다.

응답률을 높이기 위해 설문지를 간결하고 쉽게 작성할 수 있도록 유지하는 것이 중요합니다. 연구 목표에 따라 인터뷰나 포커스 그룹과 같은 추가적인 연구 방법을 수행하여 고객 페르소나를 검증하고 개선할 필요가 있을 수 있습니다.

제공된 답변을 기반으로 나열된 기준에 따라 고객을 분류할 수 있는 한 가지 방법은 다음과 같습니다.

인구 통계:
- Sarah, 영업 담당자, 32세
- Mark, 프리랜서 작가, 27세
- James, 학생, 20세
- Emily, 회계사, 35세

- Michael, 소프트웨어 개발자, 28세
- Ava, 마케팅 코디네이터, 24
- Daniel, 그래픽 디자이너, 30
- Laura, 교사, 40
- John, 계정 관리자, 45
- Lily, 작가, 29세

심리학:

- Sarah: 차분한 분위기를 즐기며 노트북 작업을 위해 커피숍을 방문합니다.
- 마크: 다양한 음식 옵션을 중시하고 고객을 만나기 위해 커피숍을 방문합니다.
- 제임스: 재미있는 분위기를 좋아하고 커피숍을 방문하여 공부합니다.
- Emily: 편안한 분위기를 추구하고 친구들과 만나기 위해 커피숍을 방문합니다.
- Michael: 개인 회의실을 좋아하고 개인 프로젝트를 위해 커피숍을 방문합니다.
- Ava: 장식 및 미학 o f 커피숍 및 노트북 작업 방문
- Daniel: 예술적인 분위기 감상 및 노트북 작업 방문
- Laura: 조용한 분위기 추구 및 휴식을 위해 방문 book
- John: 빠른 서비스와 근무 중 휴식 시간을 중시
- Lily: 친절한 직원과 노트북 작업을 위한 방문을 중시

행동:

- Sarah: 노트북으로 작업하기 위해 일주일에 두 번 방문

- Mark: 고객과 만나기 위해 일주일에 한 번 방문
- James: 공부하기 위해 하루에 한 번 방문
- Emily: 친구를 만나기 위해 일주일에 한 번 방문
- Michael: 개인 프로젝트 작업을 위해 한 달에 두 번 방문
- Ava: 일주일에 세 번 방문하여 노트북 작업
- 다니엘: 일주일에 두 번 방문하여 노트북 작업
- 로라: 일주일에 한 번 방문하여 책과 함께 휴식
- John: 근무 중 휴식 시간을 위해 하루에 두 번 방문
- Lily: 노트북 작업을 위해 일주일에 두 번 방문

요구 및 고충:
- 사라 h: 노트북으로 작업할 수 있는 조용하고 생산적인 공간이 필요합니다.
- Mark: 고객을 위한 다양한 음식 옵션이 필요합니다.
- James: 공부할 수 있는 재미있고 자극적인 환경이 필요합니다.
- Emily: 친구를 만날 수 있는 편안한 분위기가 필요합니다.
- Michael: 개인 프로젝트를 위한 개인 회의실이 필요합니다.
- Ava: 시각적으로 매력적이고 Instagram에 올릴 만한 환경이 필요합니다. 노트북으로 작업
- 다니엘: 노트북으로 작업하려면 예술적이고 창의적인 분위기가 필요함
- 로라: 휴식을 취하고 책을 읽을 수 있는 조용한 분위기가 필요함
- John: 업무 중 휴식 시간을 위한 빠르고 효율적인 서비스 필요
- Lily: 노트북으로 작업할 수 있는 친절한 직원과 편안한 환경 필요

고객 여정:

- Sarah: 친구에게 커피숍에 대해 들었습니다.
- Mark: 소셜 미디어에서 커피숍에 대해 들었습니다.
- James: 커피숍에 대해 들었습니다. 소셜 미디어에서
- Emily: 온라인 리뷰에서 커피숍에 대해 들음
- Michael: 온라인 검색에서 커피숍에 대해 들었습니다.
- Ava: 친구로부터 커피숍에 대해 들었습니다.
- Daniel: 온라인 검색에서 커피숍에 대해 들었습니다.
- Laura: 친구에게 커피숍에 대해 들었습니다.
- John: 친구에게 커피숍에 대해 들었습니다.
- Lily: 친구에게 커피숍에 대해 들었습니다.

전반적으로 이러한 고객은 행동, 요구 사항 및 문제점에 따라 분류할 수 있습니다. 이러한 다양한 고객 페르소나를 이해함으로써 커피숍은 목표 청중의 요구를 더 잘 충족시키기 위해 마케팅 및 커뮤니케이션 전략을 조정할 수 있습니다. 또한 제품, 서비스 및 전반적인 고객 경험에서 개선이 필요한 영역을 식별할 수 있습니다.

G의 분석 결과가 어떠신가요? 고객 분석 과정의 마지막을 향해 가보겠습니다.

3-4 분석에 따라 고객 페르소나 설정

이제 G에게 우리의 최종 목표인 고객 페르소나를 정의해 달라

고 요청하겠습니다.

위를 참고해서 1인 바리스타 카페의 고객 페르소나를 정의해 주세요.

지금까지 G와 주고받은 내용은 대부분 한국어로 번역해서 주고받은 결과로 보여드렸습니다. 그런데 이번 답변은 영어도 함께 보시는 게 좋을 것 같아서 첨부합니다. 결과가 아주 잘 나왔는데 한글 번역이 충분히 매끄럽진 않더라고요.

Based on the answers provided, the customer persona for the one-person barista cafe may be a diverse group of individuals who prioritize different aspects of their coffee shop experience.
However, some common characteristics and preferences of the customers may include:

Demographics:
· Age: Ranges from 20s to 40s
· Occupation: Varied, including students, freelancers, office

workers, and creatives
- Frequency of visits: Ranges from once a week to twice a day

Psychographics:
- Appreciation for the atmosphere: Customers value a specific ambiance, ranging from quiet and relaxed to lively and fun.
- Importance of seating space: Some customers prefer ample seating space, while others may prioritize private meeting rooms.
- Interest in events and workshops: Customers may be interested in attending workshops, art exhibits, book clubs, poetry readings, and music events.
- Value of quality coffee: The majority of customers consider the quality of coffee to be very important and prefer handcrafted, specialty coffee drinks.
- Focus on hobbies and interests: Some customers may be interested in social media, photography, writing, or design, and appreciate an Instagram-worthy decor.

Behaviors:
- Purpose of visit: Customers may visit the cafe to work, study, relax, socialize, or take a coffee break.
- Preferred method of communication: Customers have different preferences for how they receive information about promotions and events, with email and social media being the most

common.

- **Parking and seating availability:** Customers may face challenges finding parking spots or available tables to work on a laptop, especially during busy times.

Needs and pain points:
- **Quality coffee and food:** Customers expect high-quality coffee and food, and some may prefer a varied menu with healthy options.
- **Convenience and efficiency:** Customers value fast service and may be attracted to the cafe's location or proximity to their workplace.
- **Comfort and convenience:** Customers may be looking for comfortable seating options, access to electrical outlets, and a quiet work environment.

Overall, the customer persona for the one-person barista cafe is likely to be individuals who prioritize high-quality coffee and a specific ambiance and may be interested in attending events and workshops. They may face challenges related to seating and parking availability and value convenience and efficiency.

번역결과

제공된 답변을 바탕으로 1인 바리스타 카페의 고객 페르소나는 커피숍 경험의 다양한 측면을 우선시하는 다양한 개인 그룹일 수 있습니다. 그러나 몇 가지 공통적인 특성과 선호도는 다음과 같습니다. 고객은 다음을 포함할 수 있습니다.

인구 통계:
- **연령**: 20~40대 범위
- **직업**: 학생, 프리랜서, 사무원 등 다양함
- **방문 빈도**: 일주일에 한 번에서 하루에 두 번 범위

심리학:
- **분위기에 대한 감사** : 고객은 조용하고 편안한 것부터 활기차고 재미있는 것까지 특정한 분위기를 중시합니다.
- **좌석 공간의 중요성**: 넓은 좌석 공간을 선호하는 고객도 있고 프라이빗한 회의실을 우선시하는 고객도 있습니다.
- **이벤트 및 워크숍에 대한 관심**: 고객은 워크숍, 미술 전시회, 북 클럽, 시 낭독회, 음악 행사 참석에 관심이 있을 수 있습니다.
- **품질 커피의 가치**: 대부분의 고객은 s는 커피의 품질을 매우 중요하게 여기며 수제 스페셜티 커피 음료를 선호합니다.
- **취미 및 관심사에 집중**: 일부 고객은 소셜 미디어, 사진, 글쓰기 또는 디자인에 관심이 있고 인스타그램에 올릴 만한 장식.

행동:
- **방문 목적**: 고객은 일, 공부, 휴식, 친목 또는 커피를 마시기 위해 카페를 방문할 수 있습니다. 휴식.
- **선호하는 커뮤니케이션 방법**: 고객은 프로모션 및 이벤트에 대한 정

보를 받는 방법에 대해 다양한 선호도를 가지고 있으며 이메일과 소셜 미디어가 가장 일반적입니다.

- **주차 및 좌석 가용성**: 고객은 특히 바쁜 시간에 주차 공간이나 노트북으로 작업할 테이블을 찾는 데 어려움을 겪을 수 있습니다.

필요 및 문제점:

- **품질 커피 및 food**: 고객은 고품질의 커피와 음식을 기대하며 일부는 건강한 옵션이 포함된 다양한 메뉴를 선호할 수 있습니다.
- **편의성 및 효율성**: 고객은 빠른 서빙을 중시합니다. 얼음과 카페의 위치 또는 직장과의 근접성에 매력을 느낄 수 있습니다.
- **편안함과 편리함**: 고객은 편안한 좌석 옵션, 전기 콘센트 이용, 조용한 작업 환경을 원할 수 있습니다.

전반적으로 1인 바리스타 카페의 고객 페르소나는 고품질 커피와 특정 분위기를 우선시하고 이벤트 및 워크숍 참석에 관심이 있는 개인일 가능성이 높습니다. 그들은 좌석 및 주차 가용성과 관련된 문제에 직면할 수 있으며 편의성과 효율성을 중시합니다.

고객 페르소나 설정까지 완료되었습니다. 실제 업무에서는 이렇게 텍스트로 정리한 페르소나를 이미지화해서 여러 팀과 공유하기도 합니다. 우리도 미드저니로 이미지화할 수 있도록 프롬프트를 요청하겠습니다.

Ai로 정의된 페르소나의 이미지를 생성하려고 합니다. 사실적인 사진 이미지로 만들 수 있도록 요령을 최대한 자세하게 적어주세요.

저의 요청에 G는 즉시 미드저니에 넣을 프롬프트를 생성해 주었습니다. 다음 이미지가 그 결과입니다.

챗GPT가 제공한 프롬프트로 미드저니를 사용해 생성한 1인 바리스타 카페의 고객 페르소나 이미지이다.

네, 여기까지입니다. 짝짝짝! G의 도움을 받아 1인 바리스타 카페의 페르소나를 큰 탈 없이 만들어 보았습니다. 상황 설정이나 설문지, 답변까지 모두 가상이었지만 실무에서 G를 어떻게 고객 분석에 사용해 볼 수 있을지 아이디어를 얻으셨을 거라 생각합니다.

실무에서는 매 단계에서 사람의 개입이 필요합니다. 답변의 팩트 확인, 문제가 될 수 있는 설문 내용 체크, 답변의 일관성 등을 확인해야 더 명료하게 우리 제품의 고객 페르소나를 정의할 수 있을 것입니다.

큐알코드를 스캔하시면 고객 페르소나 정의 과정에 대한 영상을 보실 수 있습니다.

DAY 4

챗GPT와
비즈니스 글쓰기

오늘은 실전 업무에서 가장 자주 사용하게 될 비즈니스 프롬프트를 정리해 보는 시간입니다.

비즈니스 글쓰기에는 형식이 존재하는 보고서, 품의서, 제안서 등 비교적 정형화된 영역의 글쓰기와 카피라이팅처럼 광고나 랜딩 페이지에 사용하는 창의적인 글쓰기 영역이 있습니다. 최근에는 아이디어를 제약하고 불필요한 반복 업무를 줄인다는 이유로 문서 형식을 파괴하는 사례도 많긴 하지만 여전히 정형화된 문서 형식을 선호하는 기업이 많습니다.

오늘 우리는 좋은 비즈니스 글쓰기나 어떻게 비즈니스 문서를 작성해야 하는지를 배우려는 것이 아니기에 각 목적과 필수 형식에 맞게 어떻게 G를 사용할 것인지에 집중하겠습니다. 우선 정형화된 문서 형태를 불러와서 G를 어떻게 사용할 수 있는지 살펴보고, 그 다음에는 G와 함께 흥미로운 카피라이팅의 세계로 넘어가 보겠습니다.

보고서 작성을 위한 프롬프트

비즈니스 문서에는 대부분 형식이 있습니다. 특별한 목적이 있지 않다면 두괄식으로 중요한 내용을 요약해 적습니다. 그리고 본문이 따라오며 마지막에 결론을 씁니다.

1-1 회사 내부 보고서 쓰기

가장 일반적인 보고서의 구조는 제목, 요약, 본문, 의견 및 제안 형태로 구성되어 있습니다. 간단한 사내 보고서에는 이런 형식만으로도 충분하지요. 간단한 사내 보고서를 쓰기 위한 과정을 먼저 살펴볼까요.

1. 보고서 형식 정의

2. 보고서에 들어갈 내용 요약 정리

3. 1번과 2번으로 프롬프트 구성

4. 결과 확인 후 수정 요청

5. 최종 결과물 출력

위 과정에서 1번과 2번은 우리가 해야 할 일입니다. 3번부터 5번까지는 **G**와 협업할 수 있는 내용이고요. 가상의 제품과 상황을 상정하고, 보고서 작성을 시작해 보겠습니다.

- 보고 내용 : 로티봇 시제품 테스트 중 로티봇이 본인이 만든 바게트를 들고 대화를 시도하는 오류가 발견되었다. 백화점 푸드 코트 납기를 맞추기 위해서는 프로그램을 수정 개선할 시간이 없다. 바게트 메뉴를 빼고 납품하고자 한다.

오늘 우리는 '로티봇'이라는 로봇이 운영하는 24시간 무인 베이커리 프로젝트 진행 상황을 회사 대표에게 보고해야 합니다. 로티봇에 대한 프로젝트 설명은 미리 **G**와 함께 작성했습니다.

로티봇은 무인 로봇 베이커리 프로젝트입니다. 이 프로젝트는 로봇 기술과 베이커리 산업을 융합하여 무인 로봇을 이용하여 자동화된 베이커리 제조 및 판매 시스템을 구현하는 것을 목표로 합니다.

로티봇은 자체 개발한 인공지능 기술을 이용하여 베이커리 제조 과정에서 생산성을 향상시키고, 제품의 품질을 유지할 수 있도록 합니다. 로봇은 재료를 자동으로 선별하고, 반죽과 굽기, 포장과 판매까지의 모든 과정을 자동화하여 인력의 필요성을 줄이고 작업 효율성을 높입니다.

로티봇은 고객들이 편리하게 구매할 수 있도록 온라인 주문과 결제 시스템을 갖추고, 자동으로 포장하여 제품의 신선도를 유지합니다. 또한, 로봇은 제품의 재고와 판매 기록을 자동으로 관리하여 매출과 재고 관리를 최적화합니다.

로티봇은 소비자들에게 신선하고 빠른 서비스를 제공하는 동시에, 베이커리 산업의 생산성을 향상시키고, 비용을 절감할 수 있도록 합니다. 이를 통해 새로운 비즈니스 모델을 구현하고, 베이커리 산업을 혁신적으로 변화시키는 것이 목표입니다.

보고서 형식
작성자 / 날짜 : 로티봇 팀. 2023년 3월 1일
수신자 : (주)로티봇 회사 대표

문제점:
해결 방안:
제안 및 요청 사항

보고 내용 요약: 로티봇 시제품 테스트 중 로티봇 본인이 만든 바게트를 들고 대화를 시도하는 오류가 발견되었습니다. 백화점 푸드 코트 납기를 맞추기 위해서는 프로그램을 수정 개선할 시간이 없습니다. 바게트 메뉴를 빼고 납품하고자 합니다. 일시적인 메뉴 수정을 하도록 대표님의 허가를 요청합니다. 위 내용으로 보고서 양식에 맞게 보고서를 써 주세요. 총 결과물은 1000자를 넘어서는 안 됩니다. 핵심 정보만 담아 주세요. 어조는 단호하게 써주세요.

Rotibot 팀 보고/ 2023년 3월 1일
To: Rotibot Co., Ltd. CEO

문제:
시제품 제작 중 테스트 결과 Rotibot은 바게트를 들고 대화를 시도했습니다.
배달 날짜 전에 프로그램을 수정할 시간이 없습니다.

솔루션:
문제가 발생하지 않도록 임시로 메뉴 수정

제안/요청:
메뉴 임시 수정 권한 요청
배송 후 프로그램 수정 추가 시간

마지막으로 불편을 드린 점 사과드리며, 로티봇 문제가 발생하지 않도록 일시적으로 메뉴 수정을 부탁드립니다. 이 문제에 대한 귀하의 이해와 지원에 감사드립니다.
이 문서는 내부 문서이며 적절한 승인 없이 Rotibot 팀 외부로 공유해서는 안 됩니다.

보고서를 출력해 보았습니다. G의 답변을 한글로 번역하는 과정에서 문맥과 단어가 조금 어색해졌지만 비교적 깔끔하게 문서가 작성되었습니다.

보고서를 받은 대표님은 못마땅해 하시며 메뉴 변경을 허락했습니다.

1-2 외부로 메일 보내기

다음 할 일은 백화점 측에 메뉴 변경에 대한 안내와 그에 대한 동의를 구하는 메일을 쓰는 것이겠지요. 메일 쓰기도 G의 도움을 받아보겠습니다.

대표님이 승인을 했습니다. 미래 백화점에 양해를 구하는 메일을 씁니다. 메뉴에서 바게트를 임시로 빼야 하는 이유와 그에 대한 동의를 요청하겠습니다. 메일은 캐주얼한 구어체로 써주세요. 내용 시작과 끝에 불필요한 인사말은 빼주세요. 메일 형식은 아래와 같습니다.

메일 수신자: 미래 백화점 푸드 코트 입점 담당자
제목
내용
요청사항: 메뉴 변경에 동의한다는 내용으로 회신을 부탁함

메일 수신자: 미래백화점 식품코드 입력 관리자

제목: 로티봇 메뉴에서 바게트를 일시적으로 제거

안녕하세요

Rotibot 프로젝트에 대한 빠른 업데이트. 테스트 중에 로봇이 바게트를 들고 말하는 것을 발견했습니다. 아쉽게도 배송 예정일 전에 프로그램을 수정할 시간이 충분하지 않습니다.

그래서 이 문제를 해결할 수 있을 때까지 메뉴에서 바게트를 일시적으로 제거하려고 합니다. 이로 인해 불편을 끼쳐드려 죄송합니다. 하지만 완벽한 제품을 제공하는 것이 저희에게 중요하다는 점을 이해해 주시기 바랍니다.

이 임시 메뉴 변경에 대해 괜찮으시다면 저희에게 알려주실 수 있나요? ? 또한 이와 관련하여 질문이나 우려 사항이 있으시면 알려주세요.

시간을 내주셔서 감사드리며 회신을 기다리겠습니다.

감사합니다.

[Your Name]

요청사항: 메뉴변경에 동의한다는 내용으로 회신 부탁드립니다.

위 내용에 내 이름과 수신자 메일만 넣어서 발송하면 될 것 같습니다. 백화점에 메일까지 잘 전달했습니다.

G에게 회사 내부 보고서 형식과 간략한 내용만 적어주면 이렇게 쓸 만한 보고서와 메일까지 작성해 준다는 것을 확인했습니다.

우리가 여기서 챙겨야 할 내용은 비즈니스 문서 작성 시 어떻게 접근을 해야 하는지입니다. 프롬프트의 기본 구조 편을 상기하며 다시 정리해 보겠습니다.

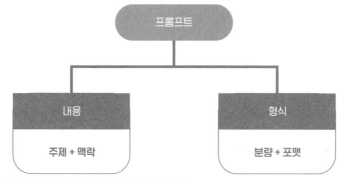

프롬프트의 기본 구조는 내용과 형식으로 이루어진다.

프롬프트에는 내가 요청하는 글의 내용과 형식을 포함해 적어야 합니다.

- 내용 = 주제(문제점, 해결 방안) + 맥락
- 형식 = 보고서 구성 요소 + 문장 길이

이런 생각이 들 수도 있습니다. '이렇게 G에게 일을 시키고 수정하는 것도 일이 만만치 않은데 그냥 내가 쓰는 게 낫겠다'라고요.

맞습니다. 한 번만 하고 끝날 업무라면 사람이 직접 하는 것이 편합니다. 하지만 정형화되어 반복적인 업무에 사용되는 비즈니스 문서라면 프롬프트 템플릿을 만들어서 사용하는 것이 효과적일 수 있습니다. 해야 할 업무가 반복적인지 아닌지 판단하시고 G를 활용할지 말지를 결정하시면 됩니다.

1-3 정부 지원 사업 제안서 초안 잡기

이번엔 회사 외부를 향한 비즈니스 문서를 G와 함께 작성해 보도록 하겠습니다. 작성할 내용은 정부에서 창업 지원금을 받기 위한 제안서 초안입니다. 초안을 잡고 살을 붙이는 것은 실제 비즈니스와 관련된 데이터를 이용해야 합니다.

다양한 창업 지원 사업이 있지만 우리가 함께 해볼 것은 매년 봄 돌아오는 예비 창업 패키지 사업입니다. '예창패'라고 줄여서 부르기도 합니다. 예비 창업자나 3년 미만 창업자들을 돕기 위해 정부가 5000만 원 내외의 지원금을 제공하는 인기 있는 창업 지원 사업 중 하나입니다.

예창패를 선택한 이유는 두 가지입니다. 첫째는 원하는 제안서 형식이 정형화되어 있기 때문입니다. 둘째는 제안서를 쓰는 가이드라인이 텍스트로 잘 정리되어 있습니다. 예창패에서 요구하는 문서 개요는 다음과 같습니다.

구분	기존	변경 내용	비고
일반 현황	-	매출, 고용, 투자 유치 목표	신설
개요(요약)	명칭, 범주	[좌 동]	
	산출물 및 개발 단계	[좌 동]	
	소개	아이템 개요	용어 변경
	진출 목표 시장	창업 배경 및 필요성	
	경쟁사 대비 차별성	아이템 준비 현황 및 실현 방안	
	산출물 및 개발 단계	목표 시장 및 성과 창출 계획	
	이미지	이미지	
문제 인식 (Problem)	1-1. 개발 동기/추진 경과 (이력)	1-1. 창업 아이템 배경 및 필요성	통합
	1-2. 개발 목적	[1-1 항목으로 통합]	
	1-3. 목표 시장 분석	1-2. 목표 시장(고객) 현황 분석	
실현 가능성 (Solution)	2-1. 아이템 개발 방안/준비 정도	2-1. 창업 아이템 현황 (준비 정도)	
	2-2. 차별화 방안	2-2. 창업 아이템 실현 및 구체화 방안	통합

성장 전략 (Scale-Up)	3-1. 창업아이템 사업화 방안	3-1. 창업 아이템 사업화 추진 전략	
	3-2. 사업 추진 일정	3-2. 생존율 제고를 위한 노력	신설
	3-3. 자금 소요 및 조달 계획	3-3. 사업 추진 일정 및 자금 운용 계획	통합
팀 구성 (Team)	4-1. 대표자 현황 및 보유 역량	4-1. 대표자(팀) 현황 및 보유 역량	통합
	4-2. 팀 현황 및 보유 역량	(2-1 항목으로 통합)	
		4-2. 외부 협력 현황 및 활용 계획	강화
		4-3. 중장기 사회적 가치 도입 계획	신설

(출처: k-startup.go.kr)

또 작성해야 하는 파트마다 그에 해당하는 가이드라인을 상세하게 줍니다.

□ 문제 인식(Problem)

• (목적) 창업자가 인식하고 있는 시장(고객)의 문제/애로 사항이 무엇인지를 정의하고 시장(고객)에 제공할 가치(혜택) 등을 서술

• <u>창업 아이템 배경 및 필요성</u>

- 제품(서비스)의 개발 또는 개선이 필요한 이유, 주요 문제점 및 기회, 시장(고객)의 요구사항 등을 작성하고 창업자(팀원)의 경험을 기반으로 **사업의 주된 목적, 문제점 해결 시 기대 효과** 등을 작성

> (예시) 탄소 배출 Zero 정책 등으로 인한 탄소 절감 필요성이 증가함에 따라 이에 대한 장비나 제어 시스템이 필요, 또한 환경 문제 관련 법규가 강화됨에 따라 등

> (예시) 스마트 초인종을 1차 제품으로 진행한 경험을 바탕으로 소비자의 편의성 제고 등 비전의 관점에서 제품을 확장한 경우

- 고객 검증 등을 통해 문제점과 목표로 하는 **시장(고객) 설정·정의**하고 문제점 또는 애로 사항을 해결할 방법과 해결 방안을 통해 **고객들에게 제공할 가치**는 무엇인지를 작성

• **목표 시장(고객) 현황 및 요구 사항 분석**

- 창업 기업이 기존의 제품·서비스를 제공한 후 고객들의 반응을 조사 분석한 결과를 기반으로 핵심 기능, 성능, 디자인 등에 대한 개선 방향 수립

- **시장의 규모와 성장성** 그리고 **경쟁 강도** 등을 고려하고, 제품(서비스) 검증 과정에서 조사 및 분석된 요구 사항에 대한 객관적인 근거와 경쟁적 요소들을 조사 분석

> (예시) 1차 초도 제품을 만들어 크라우드펀딩을 통해 고객들의 정보를 수집하고 문제점들을 도출한 결과 타 제품보다 용량이 20% 적고, 가격이 타 제품에 비해 10% 비싸다는 것을 조사하고 이를 해결하기 위해서 제품의 원료 배합 기술을 적용하여 같은 가격에 용량을 30% 높일 수 있게 제품을 개선하려고 함

(출처: k-startup.go.kr)

이렇게 정형화된 포맷과 상세한 가이드라인이 있기 때문에 이 내용을 그대로 문서 작성 맥락으로 제공하고, 우리의 사업에 대한 내용을 더해 프롬프트를 구성하면 됩니다. 그리고 그 프롬프트를 이용해 초안을 만드는 시도를 해보려고 합니다. 지면 낭비를 막기 위해 문제 인식(Problem) 파트만 함께 보겠습니다.

예창패에 제안할 사업은 우리가 이미 만나본 '로티봇'입니다. 가이드라인을 확인하고 우리가 추가로 제공해야 할 내용을 가상으로 만들어 간략히 적어보겠습니다.

1. 목적

    a. 시장의 문제 : 기존 베이커리의 과도한 초기 설비 자금, 파티셰 확보 문제, 프랜차이즈들의 가맹비와 높은 수수료 문제가 있음

    b. 로봇 파티셰를 도입함으로써 위 문제를 해결하고자 함

2. 창업 아이템 배경 및 필요성

    a. 식문화가 서구화되며 베이커리 수요 증가, 독립 베이커리의 부상으로 소규모 로컬 베이커리 전성시대

    b. 차별점 없는 메뉴로 소비자들이 프랜차이즈 베이커리들을 외면하기 시작

    c. 파티셰 채용 인건비 부담과 높은 이직율

d. 인력 구성 - 인공지능 전공 CTO(바리스타 로봇 개발 경험),
  10년차 파티셰(자체 개발 레시피 보유), 연쇄 창업 경험이 있
  는 대표자
e. 초기 인력 구성으로 빠르게 프로토타입 개발 가능
f. 팀의 약점 - 초기 자금 부족, 제품 양산 경험 없음

3. 해결 방안 - 합리적 가격의 파티셰 로봇과 매일 3회 반재료를 임
  대로 제공해 위와 같은 문제점을 해결함

4. 목표 시장 - 기존 프랜차이즈 베이커리 점주, 신규 베이커리 창
  업 희망자

이렇게 정리한 내용으로 프롬프트를 작성해 보겠습니다.

Rotibot은 무인 로봇 베이커리 프로젝트입니다. 본 프로젝트는 로봇 기
술과 베이커리 산업을 융합하여 무인 로봇을 활용한 자동화된 베이커리
제조 및 판매 시스템을 구현하는 것을 목표로 합니다.
Rotibot은 자체 개발한 인공 지능 기술을 사용하여 베이커리 제조 공정
에서 생산성을 향상시키고 제품 품질을 유지합니다. 로봇이 자동으로
재료를 선택하고 반죽하고 굽고, 포장부터 판매까지 전 과정을 자동화

해 인력을 줄이고 작업 효율을 높입니다.

로티봇은 고객이 편리하게 구매할 수 있도록 온라인 주문 및 결제 시스템을 갖추고 있으며 제품을 자동으로 포장해 신선도를 유지합니다. 로봇은 또한 제품 재고 및 판매 기록을 자동으로 관리하여 판매 및 재고 관리를 최적화합니다.

로티봇은 소비자에게 신선하고 빠른 서비스를 제공하는 동시에 베이커리 산업의 생산성을 높이고 비용을 절감합니다. 이를 통해 새로운 비즈니스 모델을 구현하고 베이커리 산업을 혁신하는 것이 목표입니다.

창업 목적

시장의 문제점 : 기존 베이커리의 과도한 초기 설비 자금, 파티셰 확보 문제, 프랜차이즈 수수료 및 높은 수수료

로봇 파티셰를 도입하여 위와 같은 문제를 해결하고자 합니다.

창업 아이템 배경과 필요성

기회 - 식문화의 서구화, 베이커리 수요 증가, 독립 베이커리의 부상으로 소규모 로컬 베이커리의 전성기

기회 - 획일화된 메뉴로 소비자들이 프랜차이즈 베이커리를 외면하기 시작함

Risk - 파티셰 채용 비용 부담 및 높은 이직률

장점 - 인공지능 전공 CTO(바리스타 로봇 개발 경험), 경력 10년 파티셰 (자체 개발 레시피 보유), 연쇄 창업 경험 보유 대표

장점 - 초기 인력 구성으로 신속한 시제품 개발

단점 - 초기 자금 부족, 양산 경험 없음

솔루션 - 합리적인 가격의 파티셰 로봇과 반자재를 1일 3회 대여하여 위

의 문제점을 해결

Target Market - 기존 가맹점 베이커리 오너, 신규 베이커리 창업 희망자

위 내용을 이해하셨다면 ✔
로 답해주세요.

👍 👎

✔ 로티봇 무인로봇 베이커리 프로젝트에 대한 설명과 그 목적, 배경, 목표 시장을 이해합니다.

잘 이해한 것 같습니다. 이제 G에게 사업 제안서의 초안을 적어 달라고 요청해 보겠습니다.

위 프로젝트 사업 계획서의 문제 인식 부분을 작성하도록 하겠습니다. 아래 안내 사항을 참고하여 작성해 주세요. 항목 당 1000자 이내로 작성해 주세요.

문제인식(Problem)

o (목적) 창업자가 인지한 시장(고객)의 문제점/어려움을 정의하고 시
　장(고객)에게 제공할 가치(혜택)를 기술

o 창업 아이템의 배경과 필요성

　- 제품(서비스) 개발 또는 개선 사유, 주요 문제점 및 기회
　　시장(고객)의 요구 사항 등을 작성하고, 창업자(팀원)의 경험을 바탕
　　으로 사업의 주된 목적, 문제 해결 시 기대 효과 등을 작성한다.

(예시) 탄소 배출 제로화 정책으로 탄소 저감 필요성이 증대됨에 따라,
장비 및 제어 시스템이 필요하며, 환경 법규가 강화됨에 따라
(예시) 스마트 초인종을 1차 상품으로 사용한 경험을 바탕으로 소비자
편의성 제고와 같이 비전 관점에서 제품을 확장하면

　- 고객 검증 등을 통해 문제점 및 대상 시장(고객) 설정 및 정의 문제
　　나 어려움을 해결하기 위한 방법과 솔루션을 통해 고객에게 제공할
　　가치를 적어보세요.

o 목표 시장(고객) 현황 및 요구 사항 분석

　- 스타트업 기업이 기존 제품 및 서비스 제공 후 고객 반응 조사 및 분
　　석

결과를 바탕으로 핵심 기능, 성능, 디자인 등의 개선 방향 수립 - 시장 규
모, 성장성, 경쟁 강도 등을 고려하여 제품(서비스)
검증 과정에서 조사 분석된 요구 사항에 대한 객관적인 근거와 경쟁 요
소 조사 및 분석

(예시) 최초의 초기 상품을 만들고 크라우드 펀딩을 통해 고객 정보를 수집하고 문제를 도출한 결과 다른 상품보다 용량이 20% 적고 가격도 저렴하다.

10%가 비싸다는 것을 조사하고, 이 문제를 해결하기 위해 제품의 원료 혼합 기술

동일한 가격에 용량을 30% 늘릴 수 있도록 제품을 개선합니다.

👍 👎

문제 인식(Problem)

목적:
로티봇 무인로봇 베이커리 프로젝트의 창업자는 기존 베이커리의 과도한 초기 설비 자금, 파티쉐 확보 문제, 가맹비, 높은 수수료 등 베이커리 시장의 여러 문제점과 어려움을 인식했다. 이러한 문제를 해결하기 위해 로봇 파티시에를 도입하여 생산성을 향상시키고 제품의 품질을 유지하며 인력의 필요성을 줄이면서 작업 효율을 높이는 것이 프로젝트의 목적이다.

창업아이템의 배경 및 필요성:
베이커리 산업은 식문화의 서구화, 베이커리 수요 증가, 독립 베이커리의 부상으로 황금기를 맞이하고 있습니다. 그러나 획일적인 메뉴로 인해 소비자들이 프랜차이즈 베이커리를 외면하게 되면서 혁신이 필요하게 되었습니다. 높은 이직률과 비용 부담으로 파티쉐 채용도 난관이다.

로티봇 무인 로봇 베이커리 프로젝트는 합리적인 가격의 파티시에 로봇과 반자재를 1일 3회 대여하여 이러한 문제를 해결하고자 합니다. 창업자는 인공지능을 전공한 CTO와 파티시에 경력 10년차로 자체 개발한 레시피와 연쇄창업 경험을 보유하고 있다. 비즈니스의 주요 목적은 로봇 기술을 활용하는 새로운 비즈니스 모델을 구현하여 베이커리 산업을 혁신하는 것입니다.

목표 시장(고객) 상태 및 요구 사항 분석:
로티봇 무인로봇 베이커리 프로젝트의 타깃 시장은 기존 프랜차이즈 베이커리 오너들과 새로운 베이커리 창업을 희망하는 이들이다. 업계에서 창업자의 경험과 자체 개발한 인공 지능 기술의 사용은 시장에서 경쟁 우위를 제공합니다. 로봇 파티쉐를 도입해 업무 효율을 높이고 제품의 품질을 유지하며 인력소모를 줄이고 매출을 높이는 것을 목표로 하고 있다. 고객 확인을 통해 프로젝트는 베이커리 생산을 위한 보다 비용 효율적이고 효율적인 솔루션의 필요성을 확인했습니다. 이 문제에 대한 프로젝트의 해결책은 모든 베이커리 제조 및 판매 프로세스를 자동화하여 비용을 줄이고 생산성을 향상시키는 합리적인 가격의 파티시에 로봇입니다. 또한 이 프로젝트는 판매 및 재고를 최적화하기 위해 온라인 주문 및 결제 시스템, 자동 포장 및 재고 관리를 제공할 것입니다.

초안 결과가 나왔습니다. 전체적인 글의 흐름은 자연스럽습니다. 하지만 가상의 데이터를 입력해서인지 제안 내용의 구체성은 떨어집니다.

전체 초안의 이야기 흐름을 잡는 데에는 충분히 사용 가능하지만 실제 문서 작성을 위해서는 좀 더 상세한 데이터를 넣어줘야 할 것 같습니다.

문제 인식에 대한 부분만 내용을 확장해 달라고 요청해 봤습니다. 프롬프트는 생략합니다.

문제인식(Problem)

창업자는 Rotibot Unmanned Robot Bakery Project를 기획함에 있어서 빵집 시장에서 여러 가지 문제와 애로사항들을 발견하였다. 이 문제들은 기존 빵집에서 초기 투자 비용이 많이 필요하다는 것, 패티시에를 구하는 것이 어렵다는 것, 프랜차이즈 비용과 수수료가 매우 높다는 것 등이었다. 이러한 문제들은 빵집 산업의 작업 효율성을 낮추고 비용을 증가시킨다. 따라서 창업자는 이러한 문제들을 해결하기 위해 로봇 패티시에를 시장에 선보일 계획이다. 로봇 패티시에는 인공지능 기술을 활용하여 빵집 제조 및 판매 프로세스를 자동화할 수 있으며 작업 효율성을 향상시키고 제품 품질을 유지하며 인력 필요성을 줄일 수 있다.

현재 빵집 산업은 서양식 음식문화의 보급과 독립 빵집의 등장으로 인해 황금기를 맞이하고 있다. 그러나 무차별화된 메뉴는 고객들이 프랜차이즈 빵집에서 멀어지도록 만들었다. 또한 빵집 주인들에게 큰 부담이 되는 패티시에 채용과 유지, 고용의 불안정성 등이 있는데, 로봇 패티시에를 도입함으로써 이러한 문제를 해결할 수 있다는 기회가 있다.

로봇 패티시에를 도입함으로써 빵집 제조 및 판매에 있어서 작업 효율성을 향상시키고 비용을 감소시키며, 판매를 증가시킬 수 있어 시장(고객)에게 가치를 제공할 것이다. 프로젝트는 원료 선택에서부터 포장 및 판매까지 모든 빵집 제조 및 판매 프로세스를 자동화할 것이다. 이는 패티시에 채용 필요성을 제거하여 비용 부담을 줄이고 고용의 불안정성 위험을 최소화할 것이다. 온라인 주문 및 결제 시스템은 고객에게 더욱 편리한 구매 서비스를 제공할 것이며, 제품 포장도 자동화되어 신선도를 유지할 수 있도록 제공될 것이다. 로봇 패티시에는 또한 제품 재고와 판매 기록을 자동으로 관리하여 판매 및 재고 관리를 최적화할 것이다.

빵집 산업에서는 초기 투자 비용이 많이 필요하다는 것, 패티시에를 구하는 것이 어렵다는 것, 프랜차이즈 비용과 수수료가 매우 높다는 것 등의 문제가 존재하고, 이러한 문제들은 작업 효율성을 낮추고 비용을 증가시킨다. 이로 인해 기존 빵집은 창업자들이 많은 초기 자금을 요구하는 프랜차이즈 빵집에 의존해야 하는 상황에 처해 있다. 또한 패티시에를 구하기가 어려운 문제는 제품의 품질에 직접적인 영향을 미치기 때문에 빵집 주인들이 직면하는 큰 문제이다.

Rotibot Unmanned Robot Bakery Project의 창업자는 이러한 문제를 인식하고 로봇 패티시에를 도입하여 이러한 문제들을 해결하려는 계획을 세웠다. 빵집 제조 및 판매 프로세스를 자동화함으로써 작업 효율성을 향상시키고 제품 품질을 유지할 수 있으며, 인력 필요성을 줄일 수 있다. 또한 이를 통해 초기 투자 비용이 적은 작은 규모의 독립 빵집들이 시장에 진입할 수 있는 기회를 제공할 수 있다.

이러한 배경과 필요성을 바탕으로, Rotibot Unmanned Robot Bakery Project의 창업자는 인공지능 분야에서의 경험과 10년간의 패티시에 경력, 그리고 시장에서 일어나는 변화와 가능성에 대한 인식을 가지고 있다. 이러한 경험과 인식을 토대로 새로운 비즈니스 모델을 제공함으로써, 더 효율적이고 경쟁력 있는 빵집 산업을 구축할 수 있다.

지금까지 **G**를 활용하여 사업 제안서의 초안을 잡고 내용을 채워 가는 과정을 함께해 보았습니다.

우리가 함께 발견한 것은 **G**를 이용해 구체적 데이터 없이 전체 제안서를 생성하는 것에는 한계가 있다는 점입니다. 또한 글을 확장할수록 **G**가 같은 문장을 반복해 적는 현상도 발견할 수 있었습니다.

결과물의 한계가 있음에도 불구하고 이런 제안서의 초안을 10분 만에 잡을 수 있었다는 점은 고무적입니다. 직원 몇 명이 붙어 며칠간 밤샘 작업을 하며 제안서를 작성하던 저의 20~30대 모습이 떠오릅니다. 그때 **G**가 있었다면 얼마나 편리했을까 하는 생각도 듭니다.

카피라이팅을 위한 프롬프트

이번 시간은 G와 함께 카피라이팅을 해보도록 하겠습니다. 어쩌면 '인공지능이 정보를 정리해 주는 건 충분히 이해가 되는데, 어떻게 창의적인 카피를 쓸 수 있지?' 하는 의문이 드실 수 있습니다. 하지만 카피는 설명하려는 대상과 목적이 구체적인, 비즈니스를 위한 글입니다. G가 해결해 주지 못할 이유가 없지요.

G에게 카피라이팅을 요청하려면 '카피Copy'가 무엇인지부터 알아야겠지요.

카피라이팅은 잠재 고객들이 기업이 목표로 하는 특정 행동을 하도록 설득하기 위한 목적으로 텍스트 콘텐츠를 만드는 것을 말합니다. 이렇게 만들어진 텍스트 콘텐츠를 카피라고 부릅니다.

카피는 제품, 서비스, 아이디어 또는 브랜드를 홍보하는 마케팅 커뮤니케이션의 핵심 메시지가 됩니다. 카피를 기반으로 TV·신문·잡지·온라인 광고, 웹사이트·메일 마케팅, 소셜 미디어 포스팅, 회사 소개서, 제안서와 같이 다양한 매체에 필요한 콘텐츠를 만들게 됩니다.

카피라이팅의 목표와 매체를 잘 이해하는 실력 있는 카피라이터는 잠재 고객이 공감하는 언어로 설득력 있는 메시지를 씁니다.

우리가 G와 함께 만들어 볼 카피는 구매 행동을 유도하는 온라인 광고 카피입니다. 온라인 광고 카피는 헤드라인, 서브타이틀, 바디 카피, CTA(클릭과 같은 행동 유도 문구)로 구성됩니다. G에게 이 기본 구조를 갖춘 카피를 요청해 보겠습니다.

카피를 요청하기 위해 새로운 가상의 제품/서비스를 소환하겠습니다.

• 베이커리 카페 Lynn
  - 주제: 비건 페이스트리 및 스페셜티 커피를 홍보하는 온라인 카피
  - 사용 목적: 온라인 광고, 회사 웹사이트와 소셜 미디어 채널에 사용할 예정
  - 회사의 브랜딩과 메시지가 생생하고 매력적인 카피에 반영되어야 함

- 목표 결과: 목표는 고품질 비건 페이스트리와 스페셜티 커피 음료를 찾는 건강에 민감한 고객이 찾아오게 하는 것

헤드라인, 서브타이틀, 바디 카피, CTA 구조를 사용해 아래 카페에 대한 광고 카피를 세 개 써주세요.

베이커리 카페 Lynn
주제: 비건 페이스트리 및 스페셜티 커피를 홍보하는 온라인 카피
사용 목적: 이 카피는 온라인 광고, 회사 웹사이트와 소셜 미디어 채널에 사용할 예정입니다.
회사의 브랜딩과 메시지가 생생하고 매력적인 카피에 반영되어야 합니다.
목표 결과: 목표는 고품질 비건 페이스트리와 스페셜티 커피 음료를 찾는 건강에 민감한 고객이 찾아오게 하는 것입니다.

1. Headline: Wake up to vegan pastries and specialty coffees at Bakery Cafe Lynn

   Subtitle: Delicious and nutritious options to start your day

   Body copy: Looking for a healthy and satisfying way to start your day? Look no further than Bakery Cafe Lynn! Our vegan pastries and specialty coffees are made with the highest-quality ingredients and are sure to leave you feeling energized and ready to take on the day. Come visit us today and taste the difference!

CTA: Visit us today for a healthy and delicious start to your day!

2. Headline: Satisfy your cravings with our vegan pastries and specialty coffees

Subtitle: Indulge without the guilt

Body copy: At Bakery Cafe Lynn, we believe that healthy food should also be delicious. That's why we've created a line of vegan pastries and specialty coffees that are sure to satisfy even the most discerning taste buds. Come visit us today and treat yourself to something indulgent and guilt-free!

CTA: Treat yourself to something indulgent and guilt-free today at Bakery Cafe Lynn!

3. Headline: Delicious vegan pastries and specialty coffees at Bakery Cafe Lynn

Subtitle: Quality ingredients and a passion for flavor

Body copy: At Bakery Cafe Lynn, we know that the best ingredients make the best food. That's why we use only the finest quality ingredients in our vegan pastries and specialty coffees, to create flavors that are both bold and delicious. Come visit us today and experience the difference!

CTA: Taste the difference with our delicious vegan pastries and specialty coffees today at Bakery Cafe Lynn!

번역결과

1. 제목: Wake up to vegan pastries and special coffees at at 베이커리 카페 린

   부제: 하루를 시작하는 맛있고 영양가 있는 옵션

   Body copy: 하루를 시작하는 건강하고 만족스러운 방법을 찾고 계십니까? 베이커리 카페 린을 찾으세요! 우리의 비건 패스트리와 스페셜티 커피는 최고 품질의 재료로 만들어지며 활력을 주고 하루를 시작할 준비가 된 기분을 느끼게 해줄 것입니다. 오늘 저희를 방문하여 차이를 맛보십시오!

   CTA: 건강하고 맛있는 하루를 시작하려면 오늘 저희를 방문하세요!

2. 제목: 비건 페이스트리와 스페셜티 커피로 식욕을 채워보세요.

   부제: 죄책감 없이 즐겨라

   Body copy: 베이커리 카페 린은 건강한 음식도 맛있어야 한다고 생각합니다. 그렇기 때문에 우리는 가장 안목 있는 미뢰도 만족시킬 수 있는 비건 패스트리와 스페셜티 커피 라인을 만들었습니다. 오늘 저희를 방문하셔서 관대하고 죄책감 없는 무언가를 즐겨보세요!

   CTA: 오늘 Bakery Cafe Lynn에서 죄책감 없이 마음껏 즐기세요!

3. 제목: Bakery Cafe Lynn에서 맛있는 비건 페이스트리와 스페셜티 커피

   부제: 좋은 재료와 맛에 대한 열정

   Body copy: 베이커리 카페 린은 최고의 재료가 최고의 음식을 만든다는 것을 알고 있습니다. 그래서 우리는 비건 페이스트리와 스페셜

티 커피에 최고 품질의 재료만을 사용하여 대담하고 맛있는 풍미를 만들어냅니다. 오늘 저희를 방문하셔서 그 차이를 경험해 보십시오! CTA: 오늘 Bakery Cafe Lynn에서 맛있는 비건 페이스트리와 스페셜 티 커피로 차이를 맛보세요!

온라인 광고를 위한 카피 결과가 나왔습니다. 영문은 센스 있게 잘 써준 것 같은데 한글은 조금 어색하게 번역이 됐습니다. 카피는 단어나 어미 하나가 말맛을 살리거나 죽이기 때문에 한글로 결과를 사용하려면 담당자가 다시 손을 봐야 할 것 같습니다.

이번에는 좀 더 설득력 있는 카피를 받기 위해 프롬프트를 살짝 수정해 보겠습니다. 1번 카피에 긴박함Urgency과 독창성Uniqueness을 더해 달라고 요청하겠습니다.

아래 카피에 긴박함과 표현의 독창성을 추가해서 재작성해 주세요.

Headline: Wake up to vegan pastries and specialty coffees at Bakery Cafe Lynn
Subtitle: Delicious and nutritious options to start your day
Body copy: Looking for a healthy and satisfying way to start your day? Look no further than Bakery Cafe Lynn! Our vegan

pastries and specialty coffees are made with the highest-quality ingredients and are sure to leave you feeling energized and ready to take on the day. Come visit us today and taste the difference!
CTA: Visit us today for a healthy and delicious start to your day!

Headline: Don't miss out on our vegan pastries and specialty coffees for the perfect start to your day!
Subtitle: Delicious and nutritious options that will fuel your day
Body copy: Are you tired of bland breakfast options that don't give you the energy you need to conquer your day? Look no further than Bakery Cafe Lynn! Our vegan pastries and specialty coffees are made with the highest-quality ingredients and are sure to leave you feeling energized and ready to take on whatever the day brings. But don't wait, the perfect start to your day is just a visit away!
CTA: Don't wait any longer, come visit us today for a healthy and delicious start to your day!

번역결과

제목: 완벽한 하루 시작을 위한 비건 페이스트리와 스페셜티 커피를 놓치지 마세요!

부제: 하루를 활기차게 만들어줄 맛있고 영양가 높은 옵션

Body copy: 하루를 정복하는 데 필요한 에너지를 제공하지 않는 단조로운 아침 식사 옵션에 지쳤습니까? 베이커리 카페 린을 찾으세요! 우리의 비건 패스트리와 스페셜티 커피는 최고 품질의 재료로 만들어지며 당신에게 에너지를 주고 하루가 무엇이든 할 준비가 된 느낌을 줄 것입니다. 그러나 기다리지 마십시오. 하루의 완벽한 시작은 바로 방문입니다!

CTA: 더 이상 기다리지 말고 오늘 방문하여 건강하고 맛있는 하루를 시작하세요!

어떤가요, 독창성과 긴박감이 느껴지나요? 처음 카피의 밋밋함은 덜해진 것 같습니다.

요리에 향신료를 잘 쓰면 풍미가 몇 배 살아나듯이 글에도 어조나 특징을 추가하면 글맛이 확 살아납니다. 자신이 원하는 바를 프롬프트에 추가해 보세요. G가 깜짝 놀랄 만한 카피를 써줄 수도 있으니까요.

Step 3

소셜 미디어 콘텐츠를 위한
프롬프트

최근 비즈니스 글쓰기에서 빠질 수 없는 분야가 있습니다. 바로 소셜 미디어죠. 정말 빠르게 변화하는 트렌드, 순식간에 돌변하는 고객의 니즈에 정신이 없을 정도입니다. G의 도움을 받으면 매일매일 작성해야 하는 소셜 미디어 콘텐츠를 만드는 게 한결 쉬워지지 않을까요?

3-1 챗GPT, 소셜 미디어 카피를 부탁해

G와 함께 소셜 미디어 포스팅에 사용할 카피를 쓰기 위해 이번에는 자동차를 소환해 보겠습니다.

- 자동차
  - 주제: 첨단 안전 기능을 갖춘 새로운 하이브리드 MotoGPT SUV
  - 컨텍스트: 소셜 미디어 포스팅에 사용할 카피라이팅
  - 결과: 목표는 MotoGPT 하이브리드 SUV 신모델에 대한 관심을 불러일으키고 현지 대리점에서 시승을 유도하는 것
  - 시즌 : 5월 가족의 달

위 내용을 고려해 인스타그램, 틱톡, 페이스북, 유튜브의 타이틀을 작성해 보겠습니다.

자동차:

주제: 첨단 안전 기능을 갖춘 새로운 하이브리드 MotoGPT SUV

컨텍스트: 소셜 미디어 게시물을 위한 카피라이팅

결과: 목표는 새로운 MotoGPT 하이브리드 SUV에 대한 관심을 불러일으키고 현지 대리점에서 시승을 유도하는 것

절기: 5월, 가정의 달

위 사항을 고려하여 인스타그램, 틱톡, 페이스북, 유튜브 영상 제목을 작성해 주세요.

Instagram: "새로운 하이브리드 MotoGPT SUV로 가족 모험을 즐기세요! 🚗📖 #FamilyMonth #HybridSUV #SafetyFeatures"

TikTok: "새로운 하이브리드로 가족 자동차 여행을 한 단계 업그레이드하세요. MotoGPT SUV! 🚗💨 #FamilyMonth #HybridSUV #AdvancedSafety"

Facebook: "우리의 새로운 하이브리드 MotoGPT SUV를 소개합니다 – 가족의 달 모험에 안성맞춤입니다! 🚗📖 #FamilyMonth #HybridSUV #AdvancedSafetyFeatures"

YouTube: "고급 안전 기능을 갖춘 새로운 하이브리드 MotoGPT인 Ultimate Family SUV를 만나보세요! 🚗📖 #FamilyMonth #HybridSUV #SafetyFirst"

결과를 보니 좀 심심합니다. 조금 더 창의적이고 'Fun'하게 써달라고 해보겠습니다.

조금 더 창의적이고 Fun하게 카피를 써주세요.

Instagram: "우리의 새로운 하이브리드 MotoGPT SUV와 함께 버클을 채우고 인생의 라이딩을 준비하세요! 🚗 안전과 재미가 이렇게 스타일리시한 적은 없었습니다. #FamilyMonth #HybridSUV #SafetyFeatures #RevYourEngines"

TikTok: "새로운 하이브리드 MotoGPT SUV로 가족 모험이 훨씬 더 멋집니다! 🚙 지루한 자동차 여행에 작별을 고하고 고급 안전 기능으로 신나는 추억을 만드세요. #FamilyMonth #HybridSUV #FunTimesAhead"

Facebook: "새로운 하이브리드 MotoGPT SUV로 가족 나들이를 한 단계 업그레이드할 준비를 하세요! 🚗 우리의 고급 안전 기능과 세련된 디자인이 도로에서 눈길을 끌 것입니다. #FamilyMonth #HybridSUV #AdventureAwaits"

YouTube: "실용성과 재미를 모두 갖춘 가족용 SUV를 찾고 계신가요? 우리의 새로운 하이브리드 MotoGPT SUV만 있으면 됩니다! 🚗 첨단 안전 F로 도로의 스릴을 경험하세요. Eatatures 및 최첨단 디자인. #FamilyMonth #HybridSUV #SafetyFirst #RevYourEngines"

처음보다 훨씬 나은 결과가 나왔습니다. 이 정도면 조금 손을 봐서 사용해도 될 것 같습니다.

G와 함께 카피라이팅을 하는 방법을 알아보았습니다. 설명을 위해 가상의 제품을 설정하고, 최소한의 맥락만 제공하고, 대표적인 SNS 몇 가지만 선택해 프롬프트를 썼지요. 실무에서는 더 다양한 매체와 훨씬 구체적인 맥락 정보를 프롬프트에 사용해 보시기 바랍니다. 예시보다 더 좋은 결과를 받으실 수 있을 겁니다.

3-2 챗GPT, 블로그 포스팅을 부탁해

개인 블로그가 아닌 기업의 블로그는 목적이 분명합니다. 고객들과 블로그를 통해 소통하며 브랜드를 알리거나 고객을 구매 여정의 다음 단계로 데려가야 합니다. 이번에는 G에게 주제를 주고 검색 엔진에서 상위 노출될 수 있는 블로그 글을 써 달라고 하겠습니다.

비즈니스 블로그 글은 기본적으로 두 가지 목적을 달성해야 합니다. 첫 번째 목적은 검색 엔진을 통한 고객 유입입니다. 검색 엔진이 우리 블로그를 좋아해야 검색 결과에서 상위에 랭크를 시켜줍니다. 검색 엔진 최적화(SEO)에 영향을 주는 여러 가지 요인이 있지만 G가 도움을 줄 수 있는 것은 블로그 안의 콘텐츠를 검색 엔진의 알고리즘이 좋아하는 모습으로 써주는 것입니다.

두 번째 목적은 고객의 행동을 유도하는 것입니다. 취미로 블로그를 쓴다면 많은 사람들이 들어 와서 내 글을 읽어주기만 해도 감사하게 생각할 수 있습니다. 하지만 제품이나 서비스를 알리고 그 결과로 판매까지 이끌어 내야 하는 비즈니스 목적의 블로그라면 다릅니다. 블로그 글을 통해 고객의 특정 행동을 이끌어 낼 수 있어야 합니다. 메일 주소를 남기거나 홈페이지로 이동시켜 더 많은 콘텐츠를 소비하게 할 수도 있고, 구매 버튼을 눌러 구매 페이지까지 데려가는 것이 목적일 수도 있습니다. 다행히 G는 우리가 충분한 정보만 준다면 훌륭한 행동 유도 글을 써줍니다.

고객의 행동을 끌어내는 블로그 글을 쓰기 위해서는 G에게 우리 제품이나 서비스를 설명해 줘야 합니다. 제 아무리 수백만 개의 제품과 서비스 데이터들로 학습한 인공지능이라고 할지라도 내가 무엇을 판매하는지 족집게처럼 알아맞힐 수는 없으니까요.

G에게 좋은 블로그 글을 쓰게 하는 두 가지 방법이 있습니다.

첫 번째 방법은 앞서 소개한 멀티턴 방식입니다. 이 방법의 장점은 G가 충분히 우리 제품이나 서비스에 대해 잘 이해했기 때문에 결과가 우리의 의도에 맞게 생성될 가능성이 높다는 것입니다. 단점은 여러 번의 대화를 주고받아야 하기 때문에 시간이 오래 걸린다는 것입니다.

두 번째 방법은 하나의 프롬프트에 우리 서비스에 대한 설명과 글 생성 프롬프트를 모두 넣는 싱글턴 방식입니다. 이 방식의 장점은 미리 템플릿을 만들어 두고 '복사 붙여넣기' 하는 방식으로 빠르게 쓸 수 있다는 것입니다. 단점은 G가 우리 제품이나 서비스를 제대로 이해하지 못했을 경우 엉뚱한 답변을 내놓을 수 있다는 것입니다.

그래서 저는 두 가지 방법을 혼용하여 사용합니다. 최초로 블로그 글을 쓸 때에는 멀티턴 방식을 사용하고, 결과물이 만족스러울 경우 해당 대화에 썼던 내용을 하나의 문단으로 만들어 템플릿으로 보관해 둡니다. 다음 블로그 글을 쓸 때에는 그 템플릿을 불러와 필요한 부분만 최소한으로 수정해서 프롬프트를 쓰면 편리하거든요.

실전 프롬프트 1

자, 이제 직접 작성해 볼까요? 다음은 블로그 글을 요청하는 프롬프트를 쓰기 전에 해야 할 일들입니다.

- 블로그 글 주제를 정합니다.
- 글을 읽게 될 고객들을 정합니다.
- 고객들이 이 글을 읽고 어떤 행동을 했으면 하는지 정합니다.
- 최종 결과물을 예상해 봅니다. 그리고 그 결과를 만들기 위해 필요한 내용을 프롬프트에 포함합니다.

이제 실제 프롬프트 사용법과 그 결과물을 살펴보겠습니다. 첫 번째 멀티턴 방식입니다.

제품 설명을 보고 다음 사항을 기억해 주세요.

[제품명] Pure Bebe Organic Milk
[대상 고객] 영유아를 둔 한국인 엄마
[상품 설명] 2세 미만 유아를 위한 신선한 유기농 우유를 매일 집 앞까지 배달해 드립니다.
[키워드] 유기농, 유기농, 아기, 우유, 건강, 무공해

👍 👎

네, [제품명] Pure Bebe Organic Milk 상품 설명과 타깃 고객을 기억하고 있습니다. 타깃 고객은 영유아를 둔 한국 엄마들로 매일 고객의 집으로 배달되는 2세 미만 유아용 신선한 유기농 우유라고 설명하고 있다. 제품과 관련된 키워드는 유기농, 유아용, 우유, 건강 및 무공해입니다.

G에게 우리 제품에 대한 설명을 주고 기억해 달라고 하자, 잘 이해했다면서 자신이 이해한 내용을 요약해서 설명해 줍니다. 이제 해당 제품에 대한 블로그를 써달라고 해보겠습니다.

위 제품에 대한 블로그 게시물을 작성하고 클릭을 유도할 흥미로운 블로그 제목을 작성해 주십시오. 약 1000단어 길이로 작성하고 전문적이고 권위 있는 목소리로 작성해 주세요. 전체 기사에 필요한 만큼 [키워드]를 사용해 주세요. 기사 끝에서 고객이 www.calltoactions.com 링크로 클릭할 수 있는 CTA로 마무리해 주세요.

위 프롬프트 내용을 보면 우리가 원하는 제목에 대한 설명, 전체적인 글의 톤 앤 매너(Tone&Manner), 글의 분량 그리고 글을 읽고 고객이 해줬으면 하는 행동까지 적어줬습니다. 최종 결과는 다음과 같습니다.

예, 다음은 [제품 이름] 퓨어 베베 유기농 우유에 대한 샘플 블로그 게시물입니다.

제목: "퓨어 베베 유기농 우유가 아기에게 완벽한 선택인 이유"
부모는 특히 영양과 관련하여 항상 아기에게 가장 좋은 것을 원합니다. 우리 환경의 오염 수준과 유해 화학 물질이 증가함에 따라 아기를 위한 건강하고 안전한 식품 공급원을 찾는 것이 어려울 수 있습니다. 여기에서 [제품명] 퓨어 베베 유기농 우유가 필요합니다.

퓨어 베베 유기농 우유는 가장 신선한 유기농 우유로 만들어지며 2세 미만의 어린이를 위해 특별히 고안되었습니다. 이 [건강하고] [무공해] 우유는 자녀에게 최고의 인생 출발을 제공하려는 "순수 베베 유기농 우유로 아기에게 영양을 공급하세요: 소중한 아기를 위한 건강의 선물"

부모로서 자녀에게 가장 좋고 안전한 음식을 찾는 것이 최우선입니다. 가공 식품의 증가와 환경 오염으로 인해 맛있을 뿐만 아니라 유해 물질이 없는 식품을 선택하는 것이 필수적입니다. 퓨어 베베 유기농 우유는 자녀의 인생에서 가장 좋은 출발을 원하는 엄마들에게 완벽한 선택입니다.

퓨어 베베 유기농 우유는 2세 미만의 유아를 위해 특별히 제조된 신선한 유기농 우유입니다. 이 우유는 100% 순수한 유기농 재료로 만들어졌으며 유해 화학 물질, 살충제 및 호르몬이 없습니다. 우유는 매일 문 앞까지 배달되어 아이가 매번 신선하고 건강한 음료를 마실 수 있도록 합니다.

퓨어 베베 유기농 우유의 이점은 많습니다. 칼슘, 단백질, 비타민과 같은 필수 영양소가 풍부하여 튼튼한 뼈를 만들고 성장을 지원합니다. 또한 이 유기농 우유에는 유해한 오염 물질이 없기 때문에 자녀의 건강과 복지를 걱정하는 엄마들에게 훌륭한 선택이 될 수 있습니다.

유기농 식품은 종종 일반 식품보다 비싸지만 투자 가치가 있습니다. 퓨어 베베 유기농 우유를 선택함으로써 귀하는 귀하의 자녀에게 가능한 최고의 삶의 시작을 제공하고 자녀의 건강에 투자하는 것입니다. 이 우유는 유해 화학물질, 호르몬, 오염 물질이 없어 아이의 건강과 웰빙을 걱정하는 엄마들에게 훌륭한 선택입니다.

결론적으로 퓨어 베베 유기농 우유는 훌륭한 선택입니다. 자녀에게 인생의 가장 좋은 시작을 제공하고 싶은 어머니를 위한 것입니다. 이 신선한 유기농 우유는 100% 순수한 유기농 재료로 만들어졌으며 유해 물질이 없습니다. 매일 문 앞까지 배달되어 아이가 매번 신선하고 건강한 음료를 마실 수 있습니다. 자녀를 위한 안전하고 건강하며 맛있는 우유 옵션을 찾고 있다면 퓨어 베베 유기농 우유가 완벽한 선택입니다. 아기의 성장과 발달을 돕는 필수 영양소가 풍부할 뿐만 아니라 유해 화학물질과 첨가물도 없습니다.

퓨어 베베 유기농 우유가 다른 유아용 우유와 다른 점은 [유기농] 성질입니다. 우유는 소가 유기농 식단으로 사육되고 자연 환경에서 생활하는 인증된 유기농 농장에서 공급됩니다. 농약, 항생물질, 호르몬 등의 무첨가로 아기에게 [건강]하고 안전한 우유를 제공합니다.

퓨어 베베 유기농 우유의 또 다른 큰 특징은 편리한 배송 서비스입니다. 신선한 우유를 매일 문 앞까지 배달해 드리기 때문에 우유가 떨어질 걱정은 하지 않으셔도 됩니다. 이렇게 하면 시간과 비용을 절약할 수 있고 아기가 가능한 최상의 영양을 섭취하고 있다는 사실을 알고 안심할 수 있습니다.

[건강]하고 편리할 뿐만 아니라 Pure Bebe 유기농 우유도 저렴합니다. 많은 사람들이 유기농 제품이 더 비싸다고 생각하지만 퓨어베베는 그렇지 않습니다. 이 회사는 모든 사람이 건강한 음식을 접할 수 있도록 최선을 다하고 있으며 가격은 시중의 다른 유아용 우유 브랜드와 경쟁력이 있습니다.

결론적으로 [제품명] 퓨어 베베 유기농 우유는 부모에게 완벽한 선택입니다. 자녀에게 인생에서 가장 좋은 출발을 해주고 싶은 사람. [유기농], [건강], 편리한 배송으로 많은 한국 엄마들이 아기를 위해 퓨어베베를 선택하는 이유는 당연합니다. 그래서 왜 기다려? Pure Bebe Organic Milk로 아기에게 필요한 영양을 공급하세요.

CTA: 아기에게 가능한 최고의 영양을 공급할 준비가 되셨나요? 지금 퓨어 베베 유기농 우유를 주문하려면 여기를 클릭하세요: www.calltoactions.com.

요청한 것에 비해 좀 긴 결과물이 나왔습니다. 반복되는 내용도 꽤 있고요. 그대로 쓰기에는 무리가 있겠지만, 내용을 좀 다듬고 분량을 줄이면 꽤 괜찮은 글이 될 것 같습니다.

실전 프롬프트 2

이번에는 두 번째 싱글턴 방식입니다. 일괄 입력식 프롬프트 구조를 사용할 때에는 제품명(또는 서비스명), 대상 고객, 제품 설명, 키워드 등 G가 꼭 알아야 키워드를 쭉 적어 넣습니다. 실제 사용 모습을 보시죠.

아래 제품에 대해서 블로그 글을 써주고 클릭을 유도하는 흥미로운 블로그 제목을 써주세요. 글 길이는 1000자 정도로 하고 전문적이고 권위 있는 사람의 목소리로 적어주세요. 전체 글에 [키워드]를 필요한 만큼 사용해 주세요. 글의 마지막에는 www.calltoactions.com link로 고객이 클릭할 수 있는 CTA으로 마무리해 주세요.

[제품명] Pure Bebe Organic Milk
[대상 고객] 영유아를 둔 한국인 엄마
[상품 설명] 2세 미만 유아를 위한 신선한 유기농 우유를 매일 집 앞까지 배달해 드립니다.
[키워드] 유기농, 유기농, 아기, 우유, 건강, 무공해

👍 👎

"순수 베베 유기농 우유로 아기에게 영양을 공급하세요: 소중한 아기를 위한 건강의 선물"

부모로서 자녀에게 가장 좋고 안전한 음식을 찾는 것이 최우선입니다. 가공 식품의 증가와 환경 오염으로 인해 맛있을 뿐만 아니라 유해 물질이 없는 식품을 선택하는 것이 필수적입니다. 퓨어 베베 유기농 우유는 자녀의 인생에서 가장 좋은 출발을 원하는 엄마들에게 완벽한 선택입니다.
퓨어 베베 유기농 우유는 2세 미만의 유아를 위해 특별히 제조된 신선한 유기농 우유입니다. 이 우유는 100% 순수한 유기농 재료로 만들어졌으며 유해 화학 물질, 살충제 및 호르몬이 없습니다. 우유는 매일 문 앞까지 배달되어 아이가 매번 신선하고 건강한 음료를 마실 수 있도록 합니다.
퓨어 베베 유기농 우유의 이점은 많습니다. 칼슘, 단백질, 비타민과 같은

필수 영양소가 풍부하여 튼튼한 뼈를 만들고 성장을 지원합니다. 또한 이 유기농 우유에는 유해한 오염 물질이 없기 때문에 자녀의 건강과 복지를 걱정하는 엄마들에게 훌륭한 선택이 될 수 있습니다.

유기농 식품은 종종 일반 식품보다 비싸지만 투자 가치가 있습니다. 퓨어 베베 유기농 우유를 선택함으로써 귀하는 귀하의 자녀에게 가능한 최고의 삶의 시작을 제공하고 자녀의 건강에 투자하는 것입니다. 이 우유는 유해 화학물질, 호르몬, 오염 물질이 없어 아이의 건강과 웰빙을 걱정하는 엄마들에게 훌륭한 선택입니다.

결론적으로 퓨어 베베 유기농 우유는 훌륭한 선택입니다. 자녀에게 인생의 가장 좋은 시작을 제공하고 싶은 어머니를 위한 것입니다. 이 신선한 유기농 우유는 100% 순수한 유기농 재료로 만들어졌으며 유해 물질이 없습니다. 매일 문 앞까지 배달되어 아이가 매번 신선하고 건강한 음료를 마실 수 있습니다. 자녀를 위한 안전하고 건강하며 맛있는 우유 옵션을 찾고 있다면 퓨어 베베 유기농 우유가 완벽한 선택입니다.

퓨어 베베 유기농 우유에 대한 자세한 내용은 www.calltoactions.com

두 번째 결과물은 처음 것과 다르게 나왔네요. 같은 프롬프트를 입력하더라도 결과가 매번 조금씩 달라질 수 있습니다. G는 기본적으로 일정 부분 자유로운 결과를 생성할 수 있도록 설정되어 있기 때문입니다.

두 프롬프트 적용 방법 모두 장단점이 있습니다. 여러분이 처한 상황 또는 선호하는 업무 방식에 따라 두 가지를 병행하거나 한 가지를 선택해 사용하시면 됩니다.

Step 4

랜딩 페이지 제작을 위한
프롬프트

랜딩 페이지는 특정 제품, 서비스, 이벤트 등에 대한 홍보를 위해 디자인된 단일 웹페이지를 말합니다. 이 페이지는 보통 광고 캠페인이나 검색 엔진에서의 검색 결과에서 바로 접근할 수 있습니다. 쉽게 말해, 인터넷 상에서 광고를 클릭하면 바로 연결되는 페이지가 바로 랜딩 페이지입니다.

제품을 홍보하거나 특정 이벤트에 잠재 고객을 유입시키고 전환을 목적으로 하는 랜딩페이지를 만들 때 필요한 카피를 써보려고 합니다. 우선 카피가 필요한 콘텐츠 목록을 정리해 보겠습니다.

1. 제목: 핵심 내용을 전달하는 명확하고 관심을 끄는 제목. 제공

되는 제품 또는 서비스의 의 핵심 가치를 제안하는 내용입니다. 20자 이내로 써주세요.

2. 부제목: 제목을 뒷받침하고 제안 내용에 대한 추가 설명을 간략히 제공합니다. 30자 이내로 써주세요.

3. 제품의 특징: 제공되는 제품의 기능, 이점. 잠재 고객의 문제를 해결하는 방법에 대한 자세한 정보를 써줍니다.

4. 추천사: 업체 리더들과 실제 사용 고객사 대표의 추천사를 써줍니다. 각 30자 이내로 써주세요.

5. 사회적 증명: 리뷰, 또는 신뢰를 더하는 데 도움이 되는 만족한 고객의 사례를 적어 줍니다. 각 50자 이내로 써주세요.

6. 리드 수집 양식: 방문자가 이름, 메일, 전화번호와 같은 연락처 정보를 자발적으로 입력할 수 있는 폼 형태입니다.

7. CTA(Call-to-action): 고객의 행동을 유도하는 문구. '가입', '지금 다운로드', '문의하기', '지금 구매하기' 등이 될 수 있습니다.

랜딩 페이지의 기본 콘텐츠는 대체로 위 일곱 가지 요소로 구성됩니다. SEO를 위해 필요한 추가 구성 요소들은 제외하였습니다.

각 구성 요소가 갖춰야 할 카피의 조건을 써서 프롬프트를 입력해 줄 차례입니다. 그런데 궁금한 점이 있습니다. 프롬프트에 카피 목록만 주었을 때와 카피라이팅에 대한 상세 조건을 제시했을 때

어느 정도 차이가 날까요? 혹시 별 차이 없는데 괜한 시간만 낭비하는 것 아닐까요? 궁금한 것은 실험해 봐야 합니다.

G에게 두 종류의 프롬프트를 제공하고 결과를 비교해 보겠습니다.

프롬프트1: 제품명 + 카피 목록
프롬프트2: 제품명 + 카피 목록 + 상세 지시 사항

이번에 카피를 만들 가상의 제품은 립글로즈로 하겠습니다.

- 브랜드: Neracos
- 제품명: Pink Potato
- 제품 카테고리: Lip gloss
- 제품 특성: 유기농 고구마 전분 추출 성분으로 만든 먹어도 되는 립글로스. 고구마의 은근한 단맛이 24시간 지속되는 것이 특징이다.
- 랜딩 페이지의 목적: 신제품 출시 직후 인스타그램 팔로워들을 대상으로 30명의 체험단 모집.

제품 설명

브랜드: Neracos

제품명: Pink Potato

제품 카테고리: lip gloss

제품 특성: 유기농 고구마 전분 추출 성분으로 만든 먹어도 되는 립글로스. 고구마의 은근한 단맛 24시간 지속되는 것이 특징이다.

랜딩 페이지의 목적: 신제품 출시 직후 인스타그램 팔로워들을 대상으로 30명의 체험단 모집

위 제품에 대해서 아래의 구조로 랜딩 페이지 카피를 써주세요.

[제목]

[부제목]

[제품의 특징]

[추천사]

[리뷰와 사례]

[리드 수집 양식]

[CTA(Call-to-action)]

제목: 네라코스 핑크 포테이토 립글로스의 달콤함을 느껴보세요

부제: 먹을 수 있는 립글로스!

제품특징:
- 유기농 고구마 전분추출물 함유
- 고구마의 은은한 단맛이 24시간 지속
- 입술에 수분과 영양 공급
- 부드러운 제형으로 편안한 착용감

추천:
Neracos의 핑크 포테이토 립글로스는 당신의 메이크업 컬렉션에 완벽한 추가품입니다. 보습력이 뛰어난 립글로스일 뿐만 아니라 유기농 고구마 전분 추출물을 함유해 은은하고 오래가는 달콤함을 입술에 선사한다. 입술을 핥고 싶은 유혹을 뿌리칠 수 없을 것입니다!

리뷰 및 사례:
"완전히 이 립글로스가 마음에 들어요! 정말 독특하고 맛있어요. 빨리 다른 맛을 먹어보고 싶어요." - 제나, 24세
"먹을 수 있는 립글로스가 좀 망설였는데, 대박이다! 보습력도 좋고 고구마 향이 은은하게 난다." - 아만다, 28세

리드 수집 양식:

경험 그룹에 가입하여 새로운 핑크 포테이토 립글로스를 가장 먼저 사용해 보세요! 신제품 출시 직후 인스타그램 팔로워를 타깃으로 한 체험단 30명을 모집합니다. 신청하려면 아래 양식을 작성하세요.

이름:
메일:
Instagram 핸들:

클릭 유도 문안:
지금 바르고 Neracos의 핑크 포테이토 립글로스의 달콤함에 빠져보세요!

어떠신가요? 참고를 위해 영문 답변도 보여드리겠습니다.

Title: Try the Sweetness of Pink Potato Lip Gloss by Neracos

Subtitle: A Lip Gloss You Can Eat!

Product Features:

• Made with organic sweet potato starch extract

• Subtle sweetness of sweet potato that lasts for 24 hours

• Moisturizing and nourishing for your lips

• Non-sticky formula for comfortable wear

Recommendation:

Neracos' Pink Potato lip gloss is the perfect addition to your makeup collection. Not only is it a great moisturizing lip gloss, but it is also made with organic sweet potato starch extract, providing a subtle and long-lasting sweetness on your lips. You won't be able to resist the temptation to lick your lips!

Reviews and Cases:

"Absolutely love this lip gloss! It's so unique and delicious. I can't wait to try other flavors." - Jenna, 24

"I was a little hesitant about a lip gloss that you can eat, but I have to say, it's amazing! It's so moisturizing and the sweet potato flavor is a nice touch." - Amanda, 28

Lead Collecting Form:

Join our experience group and be one of the first to try our new Pink Potato lip gloss! We're looking for 30 experience groups targeting Instagram followers right after the launch of the new product. Fill out the form below to apply:

Name:
Email:
Instagram Handle:

이번에는 제품 설명은 동일하게 넣고 출력될 카피에 대한 상세한 설명을 추가해 프롬프트를 써보겠습니다.

제품 설명

브랜드: Neracos

제품명: Pink Potato

제품 카테고리: lip gloss

제품 특성: 유기농 고구마 전분 추출 성분으로 만든 먹어도 되는 립글로스. 고구마의 은근한 단맛 24시간 지속되는 것이 특징이다.

랜딩 페이지의 목적: 신제품 출시 직 후 인스타그램 팔로워들을 대상으로 30명의 체험단 모집.

위 제품에 대해서 아래의 구조로 랜딩페이지 카피를 써주세요.

제목: 핵심 내용을 전달하는 명확하고 관심을 끄는 제목. 제공되는 제품 또는 서비스의 의 핵심 가치를 제안하는 내용입니다. 20자 이내로 써주세요.

부제목: 제목을 뒷받침하고 제안 내용에 대한 추가 설명을 간략히 제공

합니다. 30자 이내로 써주세요.

제품의 특징: 제공되는 제품의 기능, 이점. 잠재 고객의 문제를 해결하는 방법에 대한 자세한 정보를 써줍니다.

추천사: 뷰티 유튜버 두 명의 추천사를 써줍니다. 각 30자 이내로 써주세요.

리뷰와 사례: 리뷰 3개와 신뢰를 더하는 데 도움이 되는 만족한 고객의 사례 3개를 적어줍니다. 각 50자 이내로 써주세요.

리드 수집 양식: 방문자가 이름, 메일, 전화번호와 같은 연락처 정보를 자발적으로 입력할 수 있는 폼 형태입니다.

CTA(Call-to-action): 고객의 행동을 유도하는 문구. '가입', '지금 다운로드', '문의하기', '지금 구매하기' 등이 될 수 있습니다.

제목: 고구마 립글로스, 핑크 포테이토!

소제목: 유기농 고구마 전분의 단맛 맛보기

특징: 분홍 감자는 유기농 고구마 전분 추출물로 만들어 은은한 단맛이 24시간 지속됩니다. 먹을 수 있는 립글로스로 고구마 본연의 맛을 즐기면서 입술을 아름답게 가꾸고 싶은 고객에게 완벽한 솔루션을 제공합니다.

사용후기:
• "핑크 포테이토는 게임 체인저입니다! 립글로스로 바르고 먹을 수 있

다는 사실이 좋아요. 적극 추천합니다!" - 뷰티 유튜버 A.
- "이 립글로즈는 예쁘기도 하고 맛도 좋아요. 발을 멈출 수가 없어요!"
  - 뷰티 유튜버 B.

리뷰 및 스토리:
- "핑크 포테이토는 제가 가장 좋아하는 립글로스입니다! 입술에 영양과 수분을 공급하는 느낌이 들어요. 그리고 그 맛은 이 세상에서 벗어났습니다." - Sarah D.
- "먹을 수 있는 립글로스를 시도하기를 망설였는데 핑크 포테이토가 기대 이상이었어요. 은은한 달콤함에 칭찬까지 받았어요!" - Emma T.
- "저는 낮에 핑크 포테이토를 사용하는 것을 좋아합니다. 핑크 포테이토는 입술을 촉촉하게 유지하고 팝 컬러를 더해주는 완벽한 방법입니다." - Ashley M.

리드 수집 양식:
뉴스레터를 구독하여 독점 거래, 신제품 등에 대한 소식을 가장 먼저 받아보세요!

[이름] [메일] [전화번호] [가입 버튼]

CTA : 아름다움과 맛의 완벽한 조화를 지금 바로 핑크포테이토로 경험해보세요. 지금 구매하세요!

영어 답변은 어땠는지 보시겠어요.

Title: Sweet Potato Lip Gloss, Pink Potato!

Subheading: Taste the Sweetness of Organic Sweet Potato Starch

Features: Pink Potato is made with organic sweet potato starch extract, which offers a long-lasting subtle sweetness that lasts for 24 hours. It is a lip gloss that can be eaten and provides the perfect solution for customers who want to enhance their lips while enjoying the natural taste of sweet potatoes.

Testimonials:

- "Pink Potato is a game-changer! I love the fact that I can wear it as a lip gloss and eat it too. Highly recommend it!" - Beauty YouTuber A.
- "This lip gloss is not only beautiful but also delicious. I can't stop applying it!" - Beauty YouTuber B.

Reviews and Stories:

- "Pink Potato is my new favorite lip gloss! It feels so nourishing and hydrating on my lips, and the taste is out of this world." - Sarah D.
- "I was hesitant to try an edible lip gloss, but Pink Potato exceeded my expectations. I even got compliments on the subtle sweetness!" - Emma T.

- "I love using Pink Potato during the day. It's the perfect way to keep my lips hydrated and add a pop of color." – Ashley M.

Lead collection form:
Subscribe to our newsletter to be the first to hear about exclusive deals, new products, and more!

[Name] [Email] [Phone Number] [Sign Up Button]

CTA: Try Pink Potato today and experience the perfect combination of beauty and taste. Buy now!

두 가지 결과를 받아 보았습니다. 실험 결과 저는 두 방식의 차이를 이렇게 느꼈습니다.

- 글맛을 보면 카피에 대한 설명을 구체적으로 넣어주지 않은 1번과 구체적으로 넣어 준 2번이 크게 차이 나지 않습니다. 오히려 샘플 리뷰의 경우는 1번이 좀 더 흥미롭게 써준 것 같습니다. 제나 님의 '빨리 다른 맛을 먹어 보고 싶어요'라는 표현이 인상적입니다.
- 글의 구조 : 예상과 같이 1번보다 2번이 더 잘 정리되어 있습니다. 제가 요청한 단어 수, 인플루언서 사용 후기와 일반인

리뷰 3개 등도 요청한 대로 나왔습니다. 당연한 결과입니다.

- 실험 총평: 아웃풋에 대한 내용과 형식에 대한 가이드라인을 특정해서 프롬프트를 사용하면 창의성은 비슷하거나 조금 손해를 볼 수 있습니다. 다만 원하는 형식으로 써주기 때문에 랜딩 페이지와 같이 형식과 구성 요소가 정해져 있는 경우에는 결과물을 사용할 때 좀 더 편리할 수 있습니다.

이제 여러분의 제품으로 직접 실험을 해보실 시간입니다. 저와는 조금 다른 결과가 나올 수도 있을 겁니다. 직접 테스트해 보시고 더 좋은 결과가 나오는 자신만의 프롬프트 형식을 찾아보시기 바랍니다.

Step 5

비즈니스 메일 작성을 위한
프롬프트

**하루에 얼마나 많은 메일을 읽고 쓰시나요? 혹시 메일을 몇 번씩
고쳐 쓰느라 너무 많은 시간을 사용하고 계시진 않나요?**

메일은 글로 하는 업무 중 가장 빈도가 높습니다. 보고서를 하루
에 두세 번씩 쓰는 경우는 드물지만 메일을 그만큼 쓰는 경우는 흔
하지요.

지금부터 G의 도움을 받아 어떻게 빠르고 효과적으로 메일을
쓸 수 있을지 그 방법을 알아보겠습니다. 함께 해결해 볼 메일 과
제는 다음과 같습니다.

1. 영어로 해외 바이어들에게 콜드 메일 보내기: 아직 한 번도 소

통이 없었던 대상에게 보내는 메일

2. 인플루언서 섭외를 위한 메일 보내기

오늘의 과제에 사용할 제품은 바로 이 책,《챗GPT 사용설명서》입니다. 마케터로서 제 책이 나왔는데 손 놓고 출판사에게만 의지하고 있을 수는 없으니까요.

해외 출판사 또는 출판 에이전시에게 콜드 메일을 쓰고, 해외 인플루언서에게 제품 리뷰를 요청하는 이메일을 만들어 보겠습니다. 가상의 제품으로 하는 것이 아니라서 긴장이 됩니다. G, 이번엔 진짜 과제예요. 정신 바짝 차리고 도와주세요!

5-1 해외 바이어에게 콜드 메일 보내기

- 영어로 해외 바이어들에게 국내 도서의 출간을 제안하는 콜드 메일 보내기
  - 대상 : 복수의 해외 출판 에이전시
  - 목적 : 국내에서 발간된 도서를 해외 출간 제안
  - 내용 : 책에 대한 간략한 소개와 내용, 제안의 이유, 원하는 행동 요청(관심이 있다면 회신 주세요)
  - 메일의 어조 : 프로페셔널

이 메일은 싱글턴 방식으로는 어려울 것입니다. 멀티턴 방식을 염두에 두고 가볍게 시작해 보겠습니다.

도서명: 챗GPT 사용설명서

저자: 송 준용

책 내용 요약: 챗GPT를 업무에 사용하기 위한 실용 가이드북

주요 내용 :

DAY 1. 챗GPT 업무 투입 준비하기

DAY 2. 챗GPT와 아이디어 만들기

DAY 3. 챗GPT와 시장 조사하기

DAY 4. 챗GPT와 비즈니스 글쓰기

DAY 5. 취업, 채용을 위한 프롬프트

DAY 6. 고급 사용자를 위한 챗GPT 능력 확장 툴

DAY 7. 실전 비즈니스 프롬프트 120+

미국의 출판 에이전시에게 보낼 책 제안 메일을 써주세요.

Subject: Book Proposal - Chat GPT User Guide

Dear [Publisher],

I am writing to propose a book titled "Chat GPT User Guide" authored by Junyong Song. ChatGPT, a large language model trained by OpenAI, is rapidly changing the way businesses interact with their customers. With this guidebook, businesses of all sizes can learn how to utilize ChatGPT in their operations and take advantage of its capabilities.

The Chat GPT User Guide is a practical, easy-to-follow guidebook that is designed to help businesses use ChatGPT effectively. It is broken down into seven sections, each covering a specific aspect of ChatGPT usage.

DAY 1. Preparing for ChatGPT work

The first day of the guidebook covers the basics of setting up and configuring ChatGPT for business use. This includes understanding the technology, choosing the right platform, and setting up user accounts.

DAY 2. Creating Ideas with ChatGPT

The second day of the guidebook covers how to use ChatGPT to generate ideas for products, services, and marketing campaigns.

DAY 3. ChatGPT and market research

The third day of the guidebook covers how to use ChatGPT for market research, including gathering customer feedback, analyzing trends, and identifying gaps in the market.

DAY 4. ChatGPT and business writing

The fourth day of the guidebook covers how to use ChatGPT to improve business writing, including creating marketing copy, drafting reports, and composing emails.

DAY 5. Prompts for Employment and Recruitment

The fifth day of the guidebook covers how to use ChatGPT to assist with recruitment and employee training, including writing job descriptions, conducting interviews, and developing training materials.

DAY 6. ChatGPT Power Extension Tools for Advanced Users

The sixth day of the guidebook covers six advanced ChatGPT tools that can be used to extend its capabilities, including integration with other software tools, automation of workflows, and more.

DAY 7. Practical Business Prompts

The seventh day of the guidebook provides practical prompts for businesses to use ChatGPT in real-world situations, such as handling customer inquiries, providing technical support, and more.

The Chat GPT User Guide is an essential resource for businesses that want to leverage the power of ChatGPT. It is written in a clear, concise, and easy-to-follow manner, making it accessible to users of all skill levels.

Junyong Song is a recognized expert in the field of AI and natural language processing. He has over a decade of experience in the industry and has worked on several high-profile AI projects. As the author of this guidebook, he brings a wealth of knowledge and expertise to the topic.

I believe that the Chat GPT User Guide would be a valuable addition to your publishing catalog, and I would be happy to provide additional information or answer any questions you may have. Thank you for your consideration, and I look forward to hearing from you soon.

Sincerely,

[Your Name]

영문으로 써준 메일을 보면 구조를 잘 지켜서 꼭 필요한 요소들을 모두 담았습니다. 놀란 것은 목차 제목만 제공했는데 목차 안의 내용을 알아서 정리해 준 점입니다. 심지어 그 안의 내용들이 제가 쓰고 있는 내용들과 많이 닮아 있습니다.

무엇을 수정해야 할지도 보입니다. 저자에 대해 가상의 설명을 붙여 낸 것, 그리고 더 아쉬운 것은 설득의 핵심인 '왜' 이 책을 당신 나라에서 내야 하는지에 대한 설명이 충분하지 않은 것입니다. 이 두 가지 부분을 보완하여 다시 요청해 보겠습니다.

잘 써주셔서 고맙습니다. 단, 아래 정보를 추가해 다시 써주세요.

1. **저자:** 송준용은 20년간 디지털 마케팅 업무를 해왔습니다. 현재 ChatGPT 한국어 번역 앱인 프롬프트 지니의 마케팅 리드이자 한국 최대 ChatGPT 커뮤니티인 ChatGPTers의 운영자로 활동 중입니다. Youtube 채널 프롬프트 연구소를 운영하고 있습니다.
2. **이 책을 출판해야 하는 이유:** 현재 나와 있는 책들은 대부분 개론서 수준이 많습니다. 이 책은 저자가 실제 비즈니스에서 시행착오를 겪으며 찾아낸 실용 프롬프트들을 소개하고 있습니다. 따라서 읽으면서 바로 프롬프트를 만들어 실무에 적용할 수 있게 도와주는 책으로 사업 기획, 마케팅, 콘텐츠 제작자들에게 특히 도움이 될 것입니다. 현재 한국에서 판매 중입니다.

Subject: Book Proposal - Chat GPT User Guide

Dear [Publisher],

I am writing to propose a book titled "Chat GPT User Guide" authored by Junyong Song. Junyong Song has been working in digital marketing for 20 years and is currently the marketing lead for Prompt Genie, a ChatGPT Korean translation app. He also operates ChatGPTers, the largest ChatGPT community in Korea, and runs the YouTube Channel Prompt Lab.

The reason for publishing this book is that most of the books currently available on ChatGPT are at the level of introductory texts. This book is unique because it introduces practical prompts that the author discovered through trial and error in real businesses. Therefore, it will be especially helpful for business planners, marketers, and content creators.

The Chat GPT User Guide is a practical, easy-to-follow guidebook that is designed to help businesses use ChatGPT effectively. It is broken down into seven sections, each covering a specific aspect of ChatGPT usage.

DAY 1. Preparing for ChatGPT work
The first day of the guidebook covers the basics of setting up and configuring ChatGPT for business use. This includes understanding the technology, choosing the right platform, and setting up user accounts.

DAY 2. Creating Ideas with ChatGPT

The second day of the guidebook covers how to use ChatGPT to generate ideas for products, services, and marketing campaigns.

DAY 3. ChatGPT and market research

The third day of the guidebook covers how to use ChatGPT for market research, including gathering customer feedback, analyzing trends, and identifying gaps in the market.

DAY 4. ChatGPT and business writing

The fourth day of the guidebook covers how to use ChatGPT to improve business writing, including creating marketing copy, drafting reports, and composing emails.

DAY 5. Prompts for Employment and Recruitment

The fifth day of the guidebook covers how to use ChatGPT to assist with recruitment and employee training, including writing job descriptions, conducting interviews, and developing training materials.

DAY 6. 6 ChatGPT Power Extension Tools for Advanced Users

The sixth day of the guidebook covers six advanced ChatGPT tools that can be used to extend its capabilities, including integration with other software tools, automation of workflows, and more.

DAY 7. Practical Business Prompts

The seventh day of the guidebook provides practical prompts for businesses to use ChatGPT in real-world situations, such as handling customer inquiries, providing technical support, and more.

The Chat GPT User Guide is currently on sale in Korea and has received positive reviews from readers. We believe that it would be a valuable addition to your publishing catalog and would help businesses worldwide to take advantage of ChatGPT's capabilities. Thank you for your consideration, and I look forward to hearing from you soon.
Sincerely,
[Your Name]

네, 이번에는 잘 나온 것 같습니다. 여기에 일부 텍스트를 손을 보고, 파일을 첨부해서 메일을 보내보도록 하겠습니다. 회신이 올지는 모르겠습니다. 회신이 온다면 어떤 내용일지도 너무 궁금합니다. 혹시 제 책이 미국에, 유럽에, 중국에 판권이 팔린다면 어떨지 상상만 해도 흐뭇합니다.

 큐알코드를 스캔하시면 G와 함께 업무 메일을 작성하는 방법에 대한 영상을 보실 수 있습니다.

5-2 인플루언서와의 소통을 위한 메일 프롬프트

제품 홍보나 라이브 판매를 위해 인플루언서와 소통해 보신 적이 있나요? 마케팅 업무를 하는 분들은 인플루언서와의 소통이 얼마나 까다로운 일인지 이해하실 겁니다. 특히 영어나 중국어 등 외국어로 소통을 해야 하는 경우에는 메일 하나 보내는 데도 반나절이 걸리곤 합니다. 언어의 장벽 때문만은 아닙니다. 문화적 차이에 대한 이해도 필요하고 인플루언서의 취향이나 원하는 소통 방식까지 고려해야 하기 때문입니다.

저 역시 한국 제품을 해외에 마케팅하는 일이 주력 사업이기에 수백 명의 아시아권 인플루언서들과 일하며 여러 번 소통 문제를 겪곤 했습니다. 이 글을 쓰는 현재도 말레이시아의 뷰티 인플루언서에게 한국 화장품을 본인 브랜드로 제작하는 협업을 요청하고 있습니다. 메신저도 사용하긴 하지만 기록이 중요한 내용을 전달할 때에는 반드시 메일 사용을 원칙으로 합니다.

메일로 소통하는 경우에는 메신저나 전화 소통과 달리 정확한 정보를 최대한 간결하게 전달하는 것이 핵심입니다. 그렇기 때문에 정확한 메시지 전달을 위한 정형화된 틀을 정해두는 것이 좋습니다. 그렇게 하면 꼭 필요한 내용을 빠뜨리지 않기 때문에 정보 교환이 쉽고, 보존과 재확인이 필요할 때에도 편리합니다. 정보 전달, 협업 제안, 계약 및 납품 등 모든 단계에서 사용하는 형식이 있으면 좋겠지요. 오늘은 가장 궁금하실 만한 협업 제안에 관한 메일 사용 사례를 소개해 보겠습니다.

먼저 제가 사용하는 리뷰 협업 제안의 포맷은 아래와 같습니다.

1. 인사 및 소개
2. 인플루언서의 콘텐츠에 대한 긍정적 의견
3. 제안하는 회사 및 제품 설명
4. 인플루언서의 인스타그램 피드에 제품 소개를 요청하는 협업 제안 요약
5. 협업 제안의 세부 정보
   - 제품 사용 후 리뷰 작성을 위한 제품 제공 방식
   - 리뷰 가이드라인
   - 팔로워들이 사용할 수 있는 할인 코드와 이벤트용 경품 제공
   - 판매 시 제공하는 추가적인 혜택(수수료)
   - 피드 게시물 유지 기간
   - 계약 조건(금액, 대금 지급 방법 등)
6. 인플루언서의 결정을 위한 액션 요청(기한, 방법)
7. 감사 인사 및 마무리

이렇게 포맷을 정리하고 나면 다음은 대상 인플루언서에 대한

내용이 필요합니다. 가상의 인플루언서를 한 명 설정해 보겠습니다. 인스타그램 300만 팔로워를 둔 캐서린이라는 뷰티 인플루언서입니다.

이제 **G**에게 위 포맷에 맞춰 캐서린에서 협업 제안 메일을 작성해 달라고 요청해 보겠습니다. 프롬프트 위쪽에는 포맷에 맞는 기초 정보를 입력하고 아래에는 '인플루언서에게 협업 요청 메일을 써주세요'라는 맥락으로 구성하겠습니다.

1. 인사 및 소개: 콜라보컴퍼니의 Andy Song
2. 인플루언서의 콘텐츠에 대한 긍정적 의견: 밝고 쾌활한 느낌의 콘텐츠가 좋음
3. 제안하는 회사 및 제품 설명: 원더스킨의 새로운 립스틱 라인
4. 인플루언서의 인스타그램 피드에 제품 소개를 요청하는 협업 제안 요약
5. 협업 제안의 세부 정보
   - 제품 사용 후 리뷰 작성을 위한 제품 제공 방식: 직접 전달 예정
   - 리뷰 가이드라인: 자유롭게
   - 팔로워들이 사용할 수 있는 할인 코드와 이벤트용 경품 제공: 30개
   - 판매 시 제공하는 추가적인 혜택(수수료): 5퍼센트 커미션
   - 피드 게시물 의무 유지 기간: 최소 3개월
   - 계약 조건(금액, 대급 지급 방법 등): 1만 달러, 50% 선지급 후 피드

등록 후 1주일 내 잔금 지급
6. 인플루언서의 결정을 위한 액션 요청(기한, 방법): 3일 내 메일 회신 요청
7. 감사 인사 및 마무리

위 협업 메일 포맷으로 아래의 인플루언서에게 협업을 제안하는 메일을 써주세요.

- 캐서린: 인스타그램 300만 팔로워를 둔 호주의 뷰티 인플루언서. 최근 한국 뷰티 업체와 협업을 많이 하고 있으며 작년 서울 뷰티 위크에 K-beauty 홍보대사로 선정되기도 했습니다. 자주 피드를 올리지는 않지만 피드에 대한 팔로워들의 반응이 밝고 긍정적입니다. 뷰티에 대한 해박한 지식이 돋보입니다.

Subject: Collaboration offer for featuring Wonderskin's new lipstick line on your Instagram feed

Dear Catherine,

I hope this email finds you well. My name is Andy Song and I represent Collabo Company, a company that focuses on collaboration and promotion for various brands.

I have been following your Instagram page and I am impressed with the bright and cheerful content that you create. Your in-depth knowledge of beauty stands out and I believe that your influence in the beauty industry would be a great fit for our brand.

We are interested in collaborating with you to feature Wonderskin's new lipstick line on your Instagram feed. We believe that your followers would be interested in learning about this new product and we think that your promotion could help us reach a wider audience.

If you're interested in collaborating with us, here are the details of the offer:

We will send you Wonderskin's new lipstick line for you to try and review. The product will be delivered directly to you.
You are free to write a review with your own honest opinion about the product.
We will provide you with 30 unique discount codes for your followers to use, which will give them a 20% discount on their purchase. We will also provide you with giveaways for events.
We will give you a 5% commission on each sale made using your discount codes.
We require you to post at least 3 feed posts about the product

during the collaboration period.

The contract terms are $10,000 with 50% advance payment and the balance payment to be made within 1 week after feed registration.

If you're interested in this collaboration offer, please let us know by replying to this email within 3 days. We're excited about the possibility of working with you and we look forward to hearing from you soon.

Thank you for your time and consideration.

Best regards,

Andy Song

Collabo Company

영문으로 작성된 결과를 보면 거의 손을 댈 곳이 없을 정도로 잘 써줬습니다. 메일 내용 리뷰를 마쳤다면 실제로 전달해야겠죠.

다음은 수락을 한 캐서린에게 협업 과정을 안내하는 메일을 써
보겠습니다.

제안을 수락한 캐서린에게 다음 내용으로 메일을 써주세요

1. 수락 감사 인사
2. 프로세스는 계약, 선금 입금, 제품 전달, 포스팅, 팔로워 행사, 잔금 지
   급, 협업 종료
3. 계약서 초안 전달하니 검토 요청

Dear Catherine,

Thank you for accepting our collaboration offer. We are looking
forward to working with you, and we would like to provide
you with the following process to guide you through the
collaboration.

First, please review the attached contract and sign where
indicated. Please note that we will require a 50% advance

payment before the collaboration begins, and the remaining balance will be paid within one week of the feed registration.

We will also send you Wonderskin's new lipstick line for you to try and review. Once you have received the product, we kindly request that you write a review on your own opinion about the product.

After the review is complete, please post at least 3 feed posts about the product on your Instagram page. We will provide you with 30 unique discount codes for your followers to use, which will give them a 20% discount on their purchase. Additionally, we will provide you with giveaways for events. You will receive a 5% commission on each sale made using your discount codes.

Once the collaboration has ended, we will pay the remaining balance.

We kindly request that you review the draft contract upon receipt and let us know if you have any questions or concerns. We would appreciate it if you could confirm your agreement with the contract and provide your signature as soon as possible.

Thank you for your cooperation, and we look forward to working with you.

Best regards,

Andy Song

Collabo Company

이번에도 선금 조건에 대한 내용을 수정해야 하는 것 빼고는 전반적으로 잘 써줬습니다.

어떤 메일이라도 미리 포맷을 정하고 아우트라인outline을 잡아 둔 후에 G에게 요청하면 꽤 좋은 결과를 내줍니다. 또 여기에서는 요청하지 않았지만 메일의 어조나 국가별로 조금씩 다른 영어 단어까지 고려해서 써 달라고 하면 더 훌륭한 메일 초안을 받아 볼 수 있습니다.

이번 챕터를 통해 G에게 포맷과 맥락을 제공하는 것이 얼마나 중요한지 다시 확인하셨을 거라 생각합니다. 앞으로 정보와 어투가 모두 매끄러운 메일로 소통함으로써 인플루언서들이 함께 일하고 싶어 하는 회사, 개인이 되시기를 응원하겠습니다!

DAY 5

취업, 채용을 위한
프롬프트

신입이든 경력직이든 취업을 위해 필요한 문서를 쓰는 것은 쉬운 일이 아닙니다. 나를 객관화해서 바라보고 회사 입장에서 매력적으로 보이는 이력서와 자기 소개서를 써야 하는데, 막상 해보면 참 어렵습니다. 그래서인지 취업 컨설팅만 전문으로 해주는 회사나 개인 코치들도 있지요.

오늘은 G를 개인 컨설턴트로 불러볼까 합니다. 한 번은 구직자의 코치로, 또 한 번은 채용 담당자의 코치로 말이죠. G가 두 역할 모두 훌륭히 수행해 줄 것 같지 않나요?

챗GPT를 취업 코치로 만드는 프롬프트

구직 활동을 하면서 최종 지원서 제출 전에 제삼자에게 검토를 받아볼 수 있다면 조금은 덜 불안할 것 같습니다. 또 면접 시에도 예상 질문을 뽑아보고 연습을 하고 간다면 손에 땀이 덜 나겠죠. G가 취업의 모든 걸 도와줄 순 없겠지만, 분명 우리에게 도움이 되는 부분이 있을 것입니다.

1-1 이력서 피드백 받기

취업에 필요한 서류 중에는 발급받아야 하는 것이 있고, 직접 작성해야 하는 것이 있습니다. 오늘 우리가 다룰 부분은 직접 작성해야 하는 서류들입니다. 채용하는 회사마다 요구하는 서류들이 조

금씩 다르지만 대부분 이력서CV: Curriculum Vitae는 필수로 제출해야

하죠.

가상의 지원자 이력서를 하나 가져오겠습니다. (네, 이것도 G가 만

들어 줬습니다.)

이름	Emily Johnson
연락처	- 전화: (555) 123 - 4567 - 메일: emilyjohnson@email.com - LinkedIn: linkedin.com/in/emilyjohnson
요약	동영상 제작, 그래픽 디자인 및 소셜 미디어 관리 경험이 있는 창의적이고 혁신적인 3년차 콘텐츠 크리에이터. Adobe Creative Suite, Final Cut Pro 및 다양한 소셜 미디어 플랫폼에 능숙합니다. 매력적인 콘텐츠를 만들고 강력한 온라인 입지를 구축하는 데 열정적입니다.
교육	- 커뮤니케이션 학사, XYZ 대학, 2023년 5월 졸업 예정 - 관련 과정: 비디오 제작, 디지털 디자인, 소셜 미디어 전략
경력	콘텐츠 크리에이터 인턴 ABC Company 2022년 5월 ~ 2022년 8월 소셜 미디어용 동영상 제작 지원 및 그래픽 디자인 소셜 미디어 계정 관리 및 연구 수행 소셜 미디어 인턴 DEF Agency 2021년 9월 ~ 2021년 12월 소셜 미디어 관리 및 분석 지원 콘텐츠 기획 및 크리에이티브 협업 브레인스토밍
기술	- 비디오 제작: 촬영, 편집 및 스크립팅 - 그래픽 디자인: Adobe Creative Suite(Photoshop, Illustrator, InDesign) - 소셜 미디어 관리: 콘텐츠 c 반응, 스케줄링, 분석 - 강력한 커뮤니케이션 및 협업 기술
인증	- Adobe Certified Associate in Visual Adobe Photoshop CC 2019를 사용한 커뮤니케이션 - HubSpot 소셜 미디어 마케팅 인증
참조	포트폴리오 요청 시 제공 가능

우선 대기업 채용 담당자인 G에게 이력서를 보여주고, 그에 대한 피드백을 요청해 보겠습니다.

당신은 대기업 채용 담당자로서 내 이력서를 읽고 합격에 도움이 될 수 있는 피드백을 해주세요.

결과를 살펴보겠습니다. 과연 어떤 피드백을 해주었을까요?

당신의 이력서를 리뷰해 보았습니다, Emily:

강점:
- 요약 부분이 잘 작성되어 있으며, 창의적이고 혁신적인 3년차 콘텐츠 크리에이터로서의 역량을 잘 보여줍니다.
- 학력 부분이 강하며, 비디오 제작, 디지털 디자인, 소셜 미디어 전략 관련 과정들이 이루어졌습니다.
- 경력 부분은 한정적이지만, 비디오 제작, 그래픽 디자인 및 소셜 미디어 관리 등 관련된 역량들을 습득하였습니다.
- 기술 부분에서는 Adobe Creative Suite, Final Cut Pro 및 다양한 소셜 미디어 플랫폼들을 능숙하게 다룰 수 있는 역량을 보여주었습니다.

- 인증 부분에서는 Adobe Photoshop CC 2019를 사용한 커뮤니케이션에 관한 Adobe Certified Associate와 HubSpot 소셜 미디어 마케팅 인증서를 취득하였습니다.

개선할 점:
- 인턴 경험들을 보다 구체적으로 작성하면 좋을 것입니다. 특히, 완료한 프로젝트나 달성한 성과 등을 강조하면 좋습니다.
- 작업 결과물의 성과나 효과 등을 언급하는 것이 좋습니다. 예를 들어, 참여한 프로젝트에서 얻은 규모에 대한 이야기 등이 좋습니다.
- 개인 프로젝트나 프리랜서 경험들에 대한 내용도 추가하면, 직접적으로 창조적인 역량을 보여줄 수 있습니다.
- 마지막으로, 최소한 한두 명의 전문적인 참조인을 이력서에 추가하는 것이 좋습니다. 이는 신뢰성을 높여주며, 다른 사람들과 함께 일할 수 있는 역량을 보여줍니다.
  전반적으로, 이력서는 좋은 포인트가 많으며, 추가 작업을 통해 더욱 강력해질 수 있을 것입니다. 취업 활동에서의 행운을 빕니다!

피드백 내용을 살펴볼까요. 개선할 부분에 대한 꽤 많은 제안을 해주었습니다. 예를 들면 '구체적인 경험을 쓰면 좋다, 결과물의 성과나 효과 등을 언급하라, 인턴뿐 아니라 개인이나 프리랜서 경험도 넣어도 좋다'는 지적은 꽤 유용해 보입니다.

여러분도 준비되어 있는 이력서가 있다면 G에게 피드백을 받아보세요. '메타인지'라고도 하는 자기 객관화에 도움이 될 것입니다.

1-2 대면 인터뷰 준비하기

다음은 에밀리가 서류 전형을 통과해 대면 인터뷰를 앞두고 있는 상황이라고 가정해 보겠습니다. 이런 상황에서 가장 궁금한 것은 면접에서 어떤 질문을 받게 될 것인가겠죠. G에게 예상 질문지를 뽑아 달라고 해야겠습니다.

프롬프트에 필요한 맥락으로 앞서 소개한 에밀리의 이력서, 회사의 채용 공고 두 가지를 준비하겠습니다. 다음은 가상의 채용 공고입니다.

K-pop 공연 전문 기업 CANDY POP 채용 공고

글로벌 인지도 상승 및 매출 성장에 동력이 될 재능 있는 글로벌 마케팅 매니저를 채용합니다.

- 마케팅 매니저 업무: 소셜 미디어 전략 개발, 다이렉트 마케팅, 디지털 마케팅 등 다양한 분야의 마케팅 업무 수행
- Candy Pop의 비전: 팬을 위한 메타버스 공연 및 온라인을 기반으로 한 새로운 사업 확장
- 업무 내용: 음악 및 공연 관련 프로젝트의 마케팅 캠페인, 소셜 미디어를 통한 팬과의 소통, 케이팝 관련 사업 개발 등
- 우대 조건: 마케팅, 커뮤니케이션 혹은 관련 분야 학사 학위 소지자, 국내외 대중문화에 대한 높은 이해도, 디지털 마케팅의 주요 툴을 능숙하

　　　　　　　　　　　　　DAY 5 취업, 채용을 위한 프롬프트

게 다룰 수 있는 역량 등. 섬세하고 꼼꼼한 업무 처리 능력, 케이팝을 포함한 다양한 장르의 음악을 좋아하며 우선순위를 효율적으로 조정할 수 있는 셀프 스타터.
- 지원 방법: 메일로 지원서와 이력서 제출, 검토 후 연락 드림

곧 대면 면접을 보게 될 에밀리는 **G**에게 채용 공고문을 제공하고 질문을 던집니다.

당신은 위 채용 공고를 낸 채용 담당자입니다. 최종 면접에서 사용할 10개의 질문 문항을 적어 주세요. 그리고 채용 의사 결정에 가장 중요한 순서대로 번호를 매겨 써주세요.

1. 과거에 관리했던 성공적인 마케팅 캠페인의 예와 그것이 수익 성장에 어떻게 기여했는지 알려주실 수 있습니까?
2. 최신 동향 및 K-pop 산업과 글로벌 음악계의 발전에 대해 어떻게 생각하십니까?
3. Candy Pop이 팬들과 소통하고 공연을 홍보하기 위한 소셜 미디어 전략 개발에 어떻게 접근하시겠습니까?
4. 우선순위를 어떻게 정합니까? 빠르고 역동적인 작업 환경에서 작업

과 책임을 관리할 수 있습니까?

5. 다이렉트 마케팅에 대한 귀하의 경험과 이러한 캠페인의 효과를 측정하는 방법을 설명할 수 있습니까?

6. 무엇을 합니까? 글로벌 인지도 및 확장 측면에서 K-pop 산업이 직면한 가장 큰 과제라고 생각하십니까?

7. 마케팅 전략 및 의사 결정 프로세스에 데이터 및 분석을 어떻게 통합합니까?

8. 과거에 Google Ads 또는 Facebook Business Manager와 같은 주요 디지털 마케팅 도구 또는 플랫폼을 사용해 본 적이 있습니까?

9. 성공적인 글로벌 마케팅 관리자에게 필수적인 자질은 무엇이라고 생각하며 이러한 자질을 어떻게 구현합니까?

10. 메타버스 퍼포먼스 리더가 되고 온라인 확장이라는 CandyPop의 비전에 어떻게 기여할 계획입니까? 비즈니스 제안?

질문들이 실제 면접에서 나올 만한가요? 제 눈에는 괜찮아 보입니다. 하지만 아직 지원자 이력에 대한 질문이 부족합니다. 이제 이력서를 추가 맥락으로 제공하고 예상 질문지를 받아 보겠습니다.

👍 👎

1. 소셜 미디어 플랫폼에서 강력한 온라인 입지를 구축하는 데 성공한 경험을 언급해 주세요.

2. 동영상 제작에서 어떤 경험이 있으며, Final Cut Pro를 사용해 본 적

이 있나요?

3. Adobe Creative Suite의 다양한 기능들 중 어떤 기능을 가장 많이 사용하나요?

4. 기획 및 크리에이티브 협업에서 어떤 방식을 사용하고 있나요?

5. 콘텐츠 제작과 관련하여 동기부여를 유지하는 방법에 대해 언급해 주세요.

6. 프로젝트의 데드라인을 지키기 위해 어떻게 작업 일정을 계획하나요?

7. 새로운 소셜 미디어 트렌드를 따라가기 위해 어떻게 노력하고 있나요?

8. 팀에서 일하는 방식에 대해 어떤 것이 좋은지 생각하고 있나요?

9. 작업을 완료할 때까지 지속적인 배움과 성장에 대해 어떻게 생각하고 있나요?

10. 프로젝트를 완성하는 데 가장 어려웠던 부분은 무엇이었나요?

이번 질문들은 조금 더 에밀리의 이력에 연결된 질문으로 바뀌었습니다. 이제 에밀리는 최종 면접에 더 자신 있게 임할 수 있겠죠? Candy Pop에 꼭 합격해서 좋아하는 K-pop과 새로운 커리어를 시작하길 응원하겠습니다!

채용 담당자를 위한
프롬프트

팀장으로서 팀원을 충원하거나 또는 HR 조직에서 채용을 담당해 보셨다면 좋은 인재가 스스로 찾아오진 않는다는 걸 잘 알고 계실 겁니다. 구직과 마찬가지로 채용을 하는 과정 또한 녹록치 않지요. 오늘은 채용의 다양한 과정 중 채용 공고 쓰기와 이력서 검토 부분에서 G의 도움을 받아보려고 합니다.

채용 공고 쓰기와 이력서 검토의 공통된 특징은 비교적 정형화된 과정과 형식이 있다는 점입니다. G가 잘하는 일의 특징과 같습니다.

채용 공고는 작은 회사일지라도 어느 정도 형식이 존재합니다. 공식적으로 사용하는 포맷이 있을 수도 있고 채용 사이트에 남겨

놓고 간 전임자의 템플릿이 유산처럼 남아 있는 경우도 있습니다.

일단 가상의 채용 공고를 하나 만들어 볼까요? G에게 아주 기본적인 정보만 넘기고 채용 공고를 요청해 봤습니다.

인공지능과 공존하는 미래를 비전으로 하는 ABC랩. 인공지능 Saas 서비스를 개발합니다. 프론트엔드 개발자를 채용하기 위한 채용 공고를 써주세요.

회사: ABC Lab
미션: 기업과 개인이 잠재력을 최대한 발휘할 수 있도록 지원하는 혁신적인 인공 지능 SaaS 솔루션을 만듭니다.
비전: AI의 선두 제공자가 되는 것 윤리적이고 책임 있는 기술 사용을 촉진하는 동시에 생산성, 창의성 및 의사 결정을 향상시키는 주도형 소프트웨어입니다.
직위: 프론트엔드 개발자

1. 직무 설명:
ABC Lab에서 우리 팀에 합류할 유능하고 경험 많은 Front-End 개발자를 찾고 있습니다. 이상적인 후보자는 최신 웹 개발 기술 및 모범 사례에 대한 깊은 이해를 바탕으로 아름답고 직관적인 사용자 인터페이스를 만드는 데 열정적일 것입니다. 프런트 엔드 개발자로서 귀하는 당사의 설계 및 개발 팀과 긴밀히 협력하여 SaaS 제품에 대한 매력적이고 기능적인 사용자 경험을 생성합니다.

책임:

- 협력 디자이너와 개발자가 직관적이고 응답성이 뛰어난 사용자 인터페이스 구현
- HTML, CSS, JavaScript 및 관련 프레임워크를 사용하여 깨끗하고 효율적이며 유지 관리 가능한 코드 작성
- 재사용 가능한 UI 구성 요소 및 라이브러리 개발 및 유지 관리
- 웹 애플리케이션의 성능 및 접근성 최적화
- 코드 검토에 참여하고 다른 개발자에게 건설적인 피드백 제공
- 최신 상태 유지 웹 개발 동향 및 모범 사례
- 제품 및 프로젝트 관리 팀과 긴밀히 협력하여 적시에 성공적인 제품 제공을 보장합니다.
- 원활한 개발을 보장하기 위해 다기능 팀과 효과적으로 커뮤니케이션합니다. 프로세스

요건:

- Compu 학사 학위 ter 과학, 웹 개발 또는 관련 분야
- 3년 이상의 프런트 엔드 웹 개발 경험
- HTML, CSS, JavaScript 및 관련 프레임워크(예: React, Angular, Vue.js)
- 프론트 엔드 빌드 도구(예: Webpack, Gulp) 및 버전 제어 시스템(예:

Git) 사용 경험
- 웹 성능 최적화 및 접근성에 대한 이해 모범 사례
- 강력한 문제 해결 기술 및 복잡한 문제를 디버그하는 능력
- 탁월한 커뮤니케이션 및 협업 기술

우선 자격:
- 반응형 및 모바일 우선 UI 설계 및 구현 경험
- 데이터 시각화 및 차트 라이브러리(예: D3.js) 사용 경험
- 백엔드에 대한 지식 웹 개발 및 RESTful API
- 테스팅 프레임워크(예: Jest, Enzyme) 및 자동화 도구(예: Selenium) 사용 경험

아름답고 직관적인 사용자 생성에 대한 열정이 있는 경우 인터페이스를 제공하고 최첨단 AI 기반 제품 작업을 원하신다면 귀하의 의견을 듣고 싶습니다. careers@abclab.com으로 이력서, 자기 소개서 및 포트폴리오를 제출해 주십시오.

    결과는 모두 G가 창작한 결과물이기에 이대로 채용 공고를 낼 수는 없습니다. 우리는 이 형식을 실제 채용 공고의 가이드라인이자 템플릿으로 사용하면 됩니다.

    우리 회사의 진짜 미션, 비전과 같은 실제 정보와 채용 정보를 프롬프트로 제공하면서 이 형식을 이용해 달라고 하면 형식은 유지하지만 실제 우리 회사 데이터가 반영된 결과물을 얻을 수 있습니다.

이번엔 이 가상의 채용 공고를 이용하여 G^에게 채용 면접 시 필요한 질문을 만들어 달라고 요청해 보겠습니다.

지원자를 위한 20개의 인터뷰 질문을 만들어 주세요. 중요도에 따라 A, B, C로 분류해 주시고 질문의 주제에 따라 카테고리는 해시태그로 분류해 주세요. 주제 카테고리, 질문, 중요도 순으로 열을 구성해 테이블 형식으로 써주세요.

카테고리	질문	중요도
경험 및 자격 요건	해당 분야에서 어떤 경험이 있나요?	A
경험 및 자격 요건	프로젝트를 성공적으로 마친 적이 있나요? 설명해주세요.	A
경험 및 자격 요건	우리가 사용하는 유사한 도구나 기술을 사용해 본 경험이 있나요?	A
기술적 역량	특정 기술적 문제를 해결하는 방법을 설명할 수 있나요?	A
기술적 역량	검색 엔진 최적화를 위해 웹 사이트를 어떻게 최적화할 것인가요?	A
기술적 역량	특정 도구나 프레임워크를 어떻게 사용하는지 설명할 수 있나요?	A

업무 태도	다수의 프로젝트나 업무가 있을 때 우선순위를 어떻게 정하나요?	B
업무 태도	압박감이나 빠른 마감일에 어떻게 대처하나요?	B
업무 태도	새로운 시스템이나 프로세스에 적응해 본 적이 있나요?	B
팀워크와 협업	팀원 간 충돌이나 의견 차이를 어떻게 해결하나요?	B
팀워크와 협업	비기술 관련 이해관계자들과 효과적으로 의사소통하는 방법은 무엇인가요?	B
팀워크와 협업	다른 부서 팀원과 협업한 적이 있는가요?	B
리더십과 주도성	프로젝트에서 리더십을 맡은 적이 있나요?	C
리더십과 주도성	주도성을 발휘하고 개선 제안을 하는 방법은 무엇인가요?	C
리더십과 주도성	문제 해결에 혁신적인 접근 방식을 적용한 경험이 있나요?	C
개인적 특성	어떻게 동기부여하고 생산성을 유지하나요?	C
개인적 특성	실패나 실수를 어떻게 다루나요?	C
개인적 특성	프로젝트나 업무에서 추가적으로 노력한 경험을 설명할 수 있나요?	C

자, 꽤 근사한 인터뷰 질문이 나온 것 같습니다. 카테고리 분류와 중요도 순서로 써달라고 했는데 중요도는 랜덤하게 부여한 것 같네요. G도 실수할 때가 있습니다. 매우 인간적인 모습이지요.

이번에는 지원자의 이력서 정보와 우리의 채용 정보로 지원자의 장점과 단점을 분석해 보도록 하겠습니다.

다음은 가상의 지원자들 이력 정보를 요약한 표입니다. 모든 회사가 각자의 훨씬 복잡한 평가 기준이 있을 테니 이 데이터 형식은 참고로만 봐주시기 바랍니다.

이름	경력 (년)	사용 프로그래밍 언어	전 직장 근속 연수	추천인 점수	리더십 점수 (10점 만점)
Daniel Kim	5	HTML, CSS, JavaScript, React	3	80	8
Emily Lee	3	HTML, CSS, JavaScript, Angular	1	70	6
John Smith	8	HTML, CSS, JavaScript, Vue.js	4	95	9
Sarah Park	2	HTML, CSS, JavaScript, jQuery	2	60	5
Michael Chen	6	HTML, CSS, JavaScript, Bootstrap	3	85	7
Ashley Davis	4	HTML, CSS, JavaScript, Node.js	2	75	6
Jessica Lee	1	HTML, CSS, JavaScript, TypeScript	0	50	4
Andrew Lee	7	HTML, CSS, JavaScript, Ember.js	5	90	9
David Kim	9	HTML, CSS, JavaScript, Backbone.js	6	100	10
Jennifer Park	4	HTML, CSS, JavaScript, Sass	2	65	6

첫 번째 지원자 다니엘 킴의 이력서입니다. 물론 이것도 G가 만들어 줬습니다.

이름: Daniel Kim

이메일: danielkim@email.com
전화번호: (555) 555-5555

요약:

저는 아름답고 직관적인 사용자 인터페이스를 개발하는 데 5년 경력을 가진 숙련된 프론트엔드 개발자입니다. HTML, CSS, JavaScript 및 React 활용 능력으로 사용자 경험을 향상시키는 매력적이고 기능적인 사용자 인터페이스를 만들어 왔습니다. 윤리적이고 책임 있는 AI 기술을 활용하여 제품을 개발하고, 기술이 개인 및 조직의 삶의 질을 향상시키는 데 도움이 된다고 믿습니다.

기술:

• HTML, CSS, JavaScript 및 관련 프레임워크(예: React)에 능숙합니다.

• 프론트엔드 빌드 도구(예: Webpack, Gulp) 및 버전 관리 시스템(예: Git)을 사용한 경험이 있습니다.

• 웹 성능 최적화 및 접근성 관련 최상의 실천 방법에 대한 이해가 있습니다.

• 강력한 문제 해결 능력과 복잡한 문제 해결 능력이 있습니다.

• 우수한 커뮤니케이션 및 협업 능력이 있습니다.

경력:

프론트엔드 개발자

XYZ 회사, 샌프란시스코, CA

(2019 ~ 현재)

• 회사의 SaaS 제품을 위해 디자이너 및 개발자와 협업하여 매력적이고 기능적인 사용자 인터페이스(UI)를 만듭니다.

• HTML, CSS, JavaScript 및 React를 사용하여 깨끗하고 효율적이며 유

지 관리 가능한 코드를 작성합니다.

- 재사용 가능한 UI 구성 요소 및 라이브러리를 개발하고 유지 관리합니다.
- 회사의 웹 애플리케이션 성능과 접근성을 최적화합니다.
- 코드 검토에 참여하고 다른 개발자들에게 구체적인 피드백을 제공합니다.
- 최신 웹 개발 동향과 모범 사례를 항상 업데이트하고 따릅니다.
- 제품 및 프로젝트 관리팀과 긴밀히 협력하여 회사의 제품을 시간에 맞추어 성공적으로 출시하고 있습니다.
- 크로스 기능 팀과 원활한 개발 과정을 보장하기 위해 효과적으로 소통합니다.

프론트엔드 개발자

ABC 회사, 로스앤젤레스, CA

(2017 ~ 2019)

- HTML, CSS, JavaScript 및 Angular를 사용하여 사용자 친화적이고 반응형 웹사이트를 개발했습니다.
- 디자이너 및 개발자와 긴밀히 협력하여 혁신적이고 매력적인 UI를 만들었습니다.
- 백엔드 개발팀과 협업하여 프론트엔드 코드를 서버 측 로직과 통합했습니다.
- 코드 검토에 참여하고 다른 개발자들에게 피드백을 제공했습니다.
- 최적의 성능과 사용자 경험을 보장하기 위해 사용자 테스트를 수행했습니다.
- 웹 애플리케이션 기능 및 성능과 관련된 복잡한 문제를 해결했습니다.

교육:

컴퓨터 과학 학사

캘리포니아 대학 버클리교

(2013 ~ 2017)

자격증:

- Udemy에서 인증된 React 개발자
- FreeCodeCamp에서 인증된 웹 개발자

포트폴리오:

요청 시 제공 가능합니다.

G에게 다니엘 킴의 이력서를 제공하고, 우리가 이전에 작성한 채용 공고의 조건을 고려해 장단점을 평가해 달라고 요청하겠습니다.

지원자 다니엘 킴의 장점과 단점을 분석해 주세요.

다니엘 킴의 장점:

1. 경력과 기술적인 역량이 높음: 다니엘 킴은 프론트엔드 개발에 5년 이상 경력을 보유하고 있으며 HTML, CSS, JavaScript, React 등의 기술에 능숙합니다.

2. 문제 해결 능력이 뛰어남: 다니엘 킴은 복잡한 이슈를 해결할 수 있는 능력이 뛰어나며, 유지보수 가능하고 효율적인 코드를 작성하는 데 강점이 있습니다.

3. 좋은 커뮤니케이션 능력: 다니엘 킴은 원활한 커뮤니케이션을 할 수 있는 능력을 갖추고 있습니다. 프로젝트 관련 이슈를 해결하는 데 있어서, 효율적인 의사소통이 중요한 역할을 합니다.

다니엘 킴의 단점:

1. 다양한 프레임워크 경험의 부족: 다니엘 킴은 React에 대한 경험이 많지만, 다른 프레임워크나 라이브러리에 대한 경험이 부족할 수 있습니다.

2. 위보다는 자격증 위주의 교육: 다니엘 킴은 웹 개발자 자격증의 소지자이지만, 컴퓨터 공학 학위가 아닌 자격증 위주의 교육을 받았기 때문에 전문적인 이론적 지식이 부족할 수 있습니다.

3. 특정 분야 경험 부족: 다니엘 킴은 백엔드 개발이나 특정 분야에 대한 경험이 없는 것으로 파악됩니다. 이러한 경험이 필요한 프로젝트에 참여할 경우 추가적인 학습과 지식 습득이 필요할 수 있습니다.

G가 지원자의 장단점을 깔끔하게 분석해서 한눈에 보기 좋게 정리해 줬습니다. 이제 제가 가진 관점과 교차 검증하면 지원자의 이력을 분석하기 한결 수월해질 것 같네요.

지금까지 채용 과정에서 어떻게 G의 도움을 받을 수 있는지 아이디어를 나눠보았습니다. 실전에서는 G와의 협업 사이사이에 사람의 터치가 필요하겠지요. 인공지능에게 채용을 완전히 맡긴다는 것은 말이 되지 않습니다. 사람을 쓰려면 사람이 만나봐야 합니다. 사람은 사람이 가장 잘 아니까요.

DAY 6

고급 사용자를 위한
챗GPT 능력 확장 툴

"아는 만큼 보인다."

오늘은 기본적인 G의 사용법을 넘어 심도 있게 활용하는 방법에 대해 이야기해 보려고 합니다. G의 입력창을 넘어서 다른 프로그램에도 들어가고, 한 번도 만난본 적 없는 다른 서비스들과 연동하는 모습도 보실 수 있습니다. 구글 문서처럼 G의 기능을 확장할 수 있는 외부 서비스들과 사용 사례를 압축해서 살펴보려고 하거든요.

따라서 이 장은 빠르게 넘겨보셔도 좋습니다. 이번에 소개드릴 도구들은 G를 사용하는 모두를 위한 도구는 아니기 때문입니다. 슬쩍 보시다가 관심 있거나 필요한 서비스가 눈에 띄면 그 부분만 더 자세히 보시기 바랍니다.

Step 1

구글 독스에서
챗GPT 사용하기

처음 G를 쓰면서 이런 생각을 했습니다. '와, 이렇게 좋은 걸 왜 이 사이트에서만 써야 하지?' 쓸 만한 결과가 나오더라도 워드나 구글 문서와 같은 다른 문서 편집기로 옮겨서 마무리를 해야 하는 일이 반복되니 좀 귀찮더라고요. 그래서 구글링을 해보니 방법이 있었습니다.

구글이 제게 말해주었습니다. '챗GPT API'와 '구글 앱스 스크립트'라는 확장 프로그램을 만들어 구글 문서에서 사용할 수 있다고. 그런데 API는 뭐고 구글 앱스 스크립트는 뭘까요? 저는 영 알아듣기 어려웠습니다. 그런데 좀 더 살펴보니 저 같은 '코알못'도 쓸 수

구글 워크스페이스 마켓플레이스에서 'GPT for Google Sheets and Docs'를 클릭하면 보이는 앱 설명 화면이다.

있는 방법이 있었습니다. 공유와 나눔을 실천하는 아름다운 개발자님들 덕분입니다. 훌륭한 분들이 이미 구글 문서와 G를 연결할 수 있는 앱을 만들어 누구나 쓸 수 있게 공유해 주셨더라고요.

가장 많이 쓰는 구글 문서 연동 앱이 무엇인지 구글 워크스페이스 마켓플레이스(workspace.google.com/u/0/marketplace)에서 검색해 봤습니다. 'GPT for Google Sheets and Docs'라는 앱이 있었습니다.

GPT for Google Sheets and Docs는 구글 문서 작성 도구들인 구글 시트, 구글 독스, 구글 슬라이드에서 G를 불러서 쓸 수 있게 해주는 앱입니다. 이용 방법은 간단합니다. 아래 순서에 따라 G와 연결하시면 됩니다.

1-1 구글 독스와 확장 앱 연결하기

1. 구글 워크스페이스 마켓에서 'GPT for Google Sheets and Docs'라는 앱을 검색해서 설치합니다.

2. 설치를 하고 구글 독스로 돌아오면 확장 프로그램 메뉴 아래에 추가 설치된 프로그램이 보입니다. 참고로 저는 다른 확장 프로그램들을 많이 깔아서 목록이 여러 개입니다. 처음 사용하는 분들에겐 방금 설치한 앱 하나만 보일 것입니다.

3. 앱 이름을 누르면 'Set API Key'라는 메뉴가 보입니다. 클릭하세요.

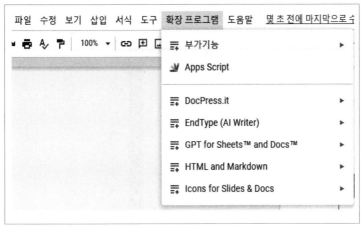

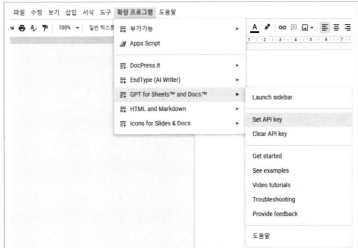

구글 독스를 켜고 '확장 프로그램' 메뉴를 보면 새로 설치한 확장 앱이 목록에 보인다. 그중 'GPT for Google Sheets and Docs'을 클릭하면 또 다른 목록이 뜨는데, 'Set API Key'를 클릭하면 된다.

4. API 세팅을 위한 팝업 화면이 뜹니다.

'Set API Key'를 클릭하면 API 세
팅을 위한 팝업 화면이 뜬다.

5. 빈 채팅창을 채울 'API 키'는 오픈AI 사이트에서 발급을 받아
   야 합니다.

6. 오픈AI로 가보겠습니다. 인터넷 주소창에 'platform.openai.
   com/playground'라고 치고 이동해 주세요. 다음과 같은 화
   면이 보이면 잘 따라오신 겁니다.

'API 키'를 발급받을 수 있는 오픈AI 플레이그라운드 페이지이다. 우측 상단에 유저 아이디가 보인다.

7. 우측에 있는 내 아이디를 마우스로 클릭합니다. 다음과 같은
화면이 나타나면 'View API keys'를 클릭합니다.

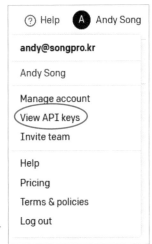

오픈AI 플레이그라운드 페이지에서 유저 아이디를 클릭하
면 'View API keys'라는 목록이 보인다.

8. 다음 화면으로 전환되면 API 키를 생성하는 버튼이 보입니다.

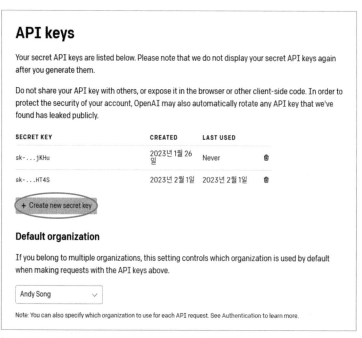

'View API keys'를 클릭하면 API 키를 생성하는 페이지로 넘어간다.

9. 'Create new secret key'를 누르면 다음과 같이 영어 알파벳
   과 숫자로 이루어진 API 키가 드러납니다. 이 키를 복사해서
   다시 구글 독스로 가겠습니다.

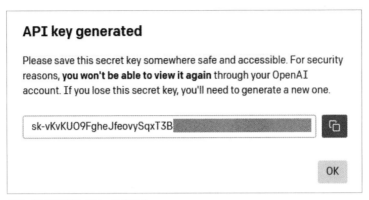

오픈AI에서 발급해준 API key가 보인다.

10. 아까 열어둔 팝업창으로 돌아가서 빈 채팅창에 새로 발급받
은 API 키를 입력하고 'Check' 버튼을 누릅니다.

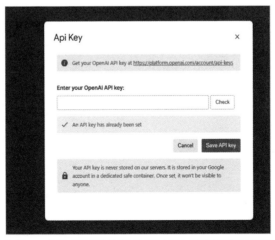

순서 4에서 열어둔 API 세팅을 위한 팝업 화면으로 돌아가 오픈AI에서 발급받은 API 키를 입력한다.

11. 연결이 끝났습니다.

1-2 구글 독스에서 챗GPT 활용하기

구글 독스와 확장 앱이 연결되면 G를 활용할 수 있는 사이드 바가 열립니다. 이 사이드 바에 프롬프트를 입력하면 됩니다. 먼저 잘 동작하는지 테스트로 인사를 해보겠습니다.

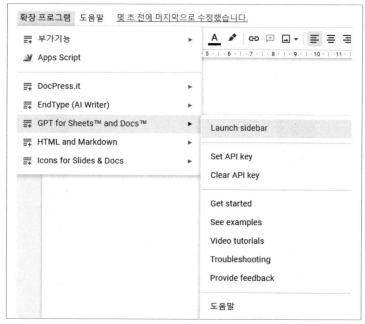

API 키를 입력하면 구글 독스에서 챗GPT 확장 앱을 사용할 수 있는 사이드 바를 열 수 있다.

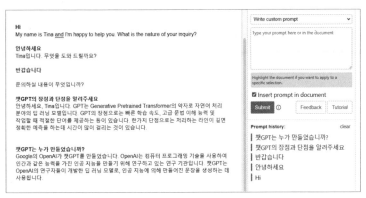

구글 독스와 확장 앱을 연결하면 구글 독스에서 바로 챗GPT에게 프롬프트를 입력할 수 있다.

 사이드바에 질문을 입력하니 답을 잘 해줍니다. 이제 구글 문서 내용을 프롬프트에 맥락으로 제공해 보겠습니다.

 먼저 주제가 되는 내용을 구글 문서에 적어줍니다. 주제는 '마케터들을 위한 챗GPT 세미나'로 하겠습니다. 다음 이미지와 같이 텍스트를 드래그한 상태에서 사이드 바에 요청하는 내용을 적어주세요. 주제를 블록으로 선택해 둔 이유는 사이드 바에 입력한 프롬프트를 읽을 때 선택된 내용도 함께 읽겠다는 사전 약속(프로그래밍)이 되어 있기 때문입니다.

 내용을 다 적었으면 'Submit' 버튼을 눌러 실행합니다. 저는 미리 써둔 주제인 '마케터들을 위한 세미나'의 강의 아웃라인을 요청했습니다. 이렇게 하면 강의 아웃라인이 선택한 문서 내용의 바로 아래에 출력됩니다.

왼쪽 창에 주제가 되는 글을 적고, 오른쪽 창에 챗GPT에 요청하는 프롬프트를 적는다. 'Submit' 버튼을 누르면 요청에 대한 답이 왼쪽 창에 출력된다.

확인해 보니 내용, 순서가 어색한 부분이 보입니다. 조금 손을 봐야겠지만 전체적인 강의 윤곽은 잡힌 것 같습니다.

문서를 써나가면서 특정 내용을 선택해 두고, 계속 글을 확장해 나갈 수 있습니다. 해외에서는 이런 방식으로 실용서를 쓰기도 하고 소설이나 시나리오를 쓰는 사례도 있습니다. 한 번만 설치를 해 두면 계속 구글 문서에서 바로 **G**를 사용할 수 있습니다.

1-3 구글 시트에서 챗GPT 사용하기

다음은 구글 시트에서 G를 동작해 보겠습니다. 이미 설치되어 있기 때문에 바로 사용이 가능합니다.

이번에는 영어 블로그를 쓰는 데 G를 활용해 보겠습니다. 저는 '남성을 위한 한국 화장품'이라는 블로그 키워드를 미리 준비해 두었습니다.

Keyword Category	Keyword
Korean Skin Care	Korean Skin Care for Men
Men's Skincare	Korean Skincare Routine for Men
Best Products	Best Korean Skin Care Products for Men
Ingredients	Key Ingredients in Korean Skin Care for Men
Routine	Korean Skin Care Routine for Men

'남성을 위한 한국 화장품'이라는 주제로 영어 블로그를 쓰기 위해 키워드를 몇 가지 미리 준비했다.

이 키워드로 다섯 개의 블로그 글 제목을 한 번에 생성하고 결과를 확인해 보겠습니다. 먼저 준비한 키워드를 구글 시트에 적어 넣고, 결과 칸에 창의적이고 재미있는 블로그 타이틀을 써달라고 프롬프트를 씁니다.

| C2 | ▼ | *fx* | =GPT("Write a creative and fun blog title about",B2) | |

	A	B	C
1	Keyword Category	Keyword	Title
2	Korean Skin Care	Korean Skin Care for Men	=GPT("Write a creative and fun blog title about",B2)
3	Men's Skincare	Korean Skincare Routine for Men	

결과 칸에 요청하는 바를 적는다.

저는 B2 셀에 있는 키워드를 주제로 제시했습니다. 입력이 끝나면 엔터를 칩니다. 첫 번째 타이틀이 생성됩니다.

다음에는 프롬프트를 입력한 C2셀을 선택해서 마지막 셀까지 드래그를 합니다. 그렇게 하면 다음과 같이 동시에 글을 쓰기 시작합니다.

| C2:C6 | ▼ | *fx* | =GPT("Write a creative and fun blog title about",B2) | |

	A	B	C
1	Keyword Category	Keyword	Title
2	Korean Skin Care	Korean Skin Care for Men	Korean Skin Care for Men: Get Ready to Glow!
3	Men's Skincare	Korean Skincare Routine for Men	Loading...
4	Best Products	Best Korean Skin Care Products for Men	Loading...
5	Ingredients	Key Ingredients in Korean Skin Care for Men	Loading...
6	Routine	Korean Skin Care Routine for Men	Loading...

프롬프트 입력 후 엔터키를 치면 챗GPT가 결과를 적어내기 시작한다.

이렇게 다섯 개의 블로그 타이틀이 결과로 나왔습니다.

Keyword Category	Keyword	Title
Korean Skin Care	Korean Skin Care for Men	Korean Skin Care for Men: Get Ready to Glow!
Men's Skincare	Korean Skincare Routine for Men	Korean Skincare: A Man's Guide to Looking and Feeling His Best!
Best Products	Best Korean Skin Care Products for Men	Korean Skin Care for the Modern Man: The Top Products for a Fresh Face
Ingredients	Key Ingredients in Korean Skin Care for Men	The Secret to a Glowing Complexion: Uncovering the Key Ingredients in Korean Skin Care for Men
Routine	Korean Skin Care Routine for Men	Korean Skin Care: A Man's Guide to Looking Fresh and Fabulous!

다섯 개의 키워드를 주고 다섯 개의 블로그 제목을 요청한 결과이다.

이 설명만으로 이해하기 어려운 분들은 제 유튜브에 올려놓은 영상을 참고하시면 도움이 되실 것입니다.

- 유튜브 검색: 송준용의 Ai 프롬프트 연구소
- 바로 가기 링크: youtu.be/mU7dJ-9Rons

유튜브 썸네일 한 번에 10개 생성하기

이번에는 저와 비슷한 초보 유튜버들을 위한 내용입니다. 썸네일 텍스트를 뽑는 것도 어렵고, 디자인 툴이 익숙지 않아 이미지 만드는 것도 어려운 저 같은 분들께 유용한 기능입니다.

지금부터 G로 유튜브 타이틀과 서브타이틀 텍스트를 생성하고, 캔바Canva라는 이미지 편집 툴을 이용해 동시에 10개의 썸네일 이미지를 생성해 보겠습니다.

먼저 G로 유튜브 아이디어와 타이틀, 서브타이틀을 만들어 보겠습니다. 주제는 '육아'입니다.

주제: 육아

위 주제를 보고 챗GPT를 사용해 만들 수 있는 흥미로운 10개의 유튜브 타이틀과 서브타이틀을 테이블 형식으로 써주세요. 타이틀은 15자 이내, 서브타이틀은 20자 이내. 눈길을 끄는 단어와 궁금증을 불러일으키는 문장으로 만들어 주세요.

다음은 육아 주제에서 챗GPT를 활용한 유튜브 타이틀과 서브타이틀입니다.

유튜브 타이틀	서브타이틀
육아 현실, 챗GPT가 들려주는 이야기	육아를 하는 부모들이 꼭 들어야 할 현실 이야기, 챗GPT가 알려줍니다.
육아 꿀팁, 챗GPT가 알려주는 방법	육아를 더 쉽게 하는 꿀팁, 챗GPT가 함께합니다.
육아에서의 스트레스, 챗GPT가 대처법 알려줌	육아에서 느끼는 스트레스에 대한 대처법, 챗GPT가 알려줍니다.
아이의 건강, 챗GPT가 알려주는 팁	아이의 건강에 대한 팁, 챗GPT가 알려줍니다.
육아 살림, 챗GPT가 알려주는 효율적인 방법	육아를 하면서 효율적으로 살리는 방법, 챗GPT가 알려줍니다.
육아 중 어떤 책을 읽어야 할까?	육아를 하면서 읽을 수 있는 책 추천, 챗GPT가 알려줍니다.
육아 유튜브, 챗GPT가 추천하는 채널	육아에 관한 유용한 정보가 있는 유튜브 채널 추천, 챗GPT가 함께합니다.

아이와 함께하는 DIY 프로젝트	아이와 함께 만드는 DIY 프로젝트, 챗GPT가 아이디어를 제공합니다.
육아 대화, 챗GPT가 도와주는 방법	아이와의 대화에 어려움을 느낄 때, 챗GPT가 도와줍니다.
육아 멘탈, 챗GPT가 챙기는 방법	육아를 하면서 멘탈관리하는 방법, 챗GPT가 알려줍니다.

위와 같이 열 개의 유튜브 타이틀과 서브타이틀이 생겼습니다. 이 텍스트를 캔바가 읽을 수 있는 CSV 파일로 변환하겠습니다.

챗GPT의 답변을 '테이블 캡쳐' 앱을 이용해 CSV 파일로 다운로드 받는다.

'테이블 캡처'라는 크롬 확장 앱을 이용해 CSV 파일로 다운로드 받았습니다. 이제 캔바(canva.com)로 가겠습니다.

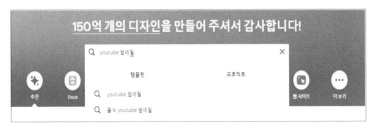

캔바 웹사이트에서 'Youtube 썸네일'이라는 키워드로 빈 캔버스를 생성한다.

유뷰브 썸네일 디자인을 위한 빈 캔버스를 만들고, 열 개의 썸네일을 만들 배경 이미지를 고릅니다. 제 아들을 위한 영상이라 남자아이의 뒷모습을 선택했습니다.

캔바에서 배경 이미지를 고르고 타이틀과 서브타이틀이 들어갈 자리를 잡는다.

배경 이미지에 두 개의 텍스트를 골라 적당한 사이즈로 넣습니다. 이 요소들에 G로 만든 텍스트 열 개가 자동으로 입력될 것입니다.

캔바의 '대량 제작하기' 메뉴를 누르고 데이터는 'CSV 업로드'를 선택합니다.

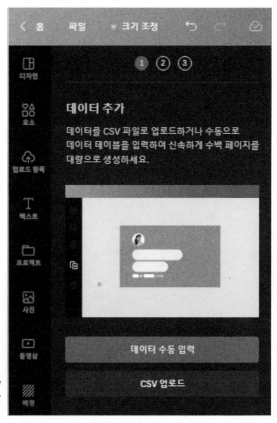

캔바에 수동 또는 CSV로 데이터를 업로드할 수 있다.

G에서 다운로드 받은 텍스트를 업로드하면 다음과 같이 G로 생성한 테이블 내용이 보입니다.

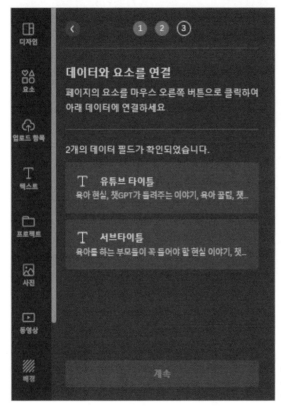

캔바에 CSV로 데이터를 업로드하면 해당 내용이 목록으로 뜬다.

이제 이 데이터를 이미지 위의 텍스트와 하나씩 연결해 주겠습니다.

이미지 위에 잡아놓은 타이틀 텍스트 자리에 CSV로 업로드한 데이터를 연결한다.

이미지 위의 타이틀 텍스트를 선택하고 오른쪽 버튼을 눌러 '데이터 연결 > 유튜브 타이틀'을 선택합니다. 서브타이틀도 같은 방법으로 연결합니다. 잘 연결됐다면 다음과 같이 나타납니다.

캔바와 데이터가 연결된 모습이다.

왼쪽 하단의 계속 버튼을 누릅니다.

캔바에 연결한 데이터가 왼쪽 창에 모두 보인다.

이렇게 보입니다. 이제 열 개의 이미지를 생성할 마지막 단계입니다. 준비가 됐으면 클릭하세요!

데이터가 적용된 썸네일 열 개가 동시에 생성되는 모습이다.

다음과 같이 총 열 페이지의 유튜브 썸네일이 생성됐습니다.

캔바를 이용해 생성한 열 개의 유튜브 썸네일 이미지이다.

이렇게 생성한 이미지는 다운로드하기 전에 캔바에서 글자 색이나 이미지를 일부 교체하여 사용할 수 있습니다. 유튜브 썸네일 뿐만 아니라 인스타그램이나 페이스북에 사용할 이미지를 만들어 보세요. 이미지 사이즈만 변경하고 구성 요소만 조금 달리 하면 됩니다.

지금까지 G와 디자인 툴인 캔바를 이용해 이미지 대량 생산 방법을 살펴봤습니다. 완전한 자동화는 아니지만 수십 장의 이미지를 한 번에 생성할 수 있는 방법에 대한 하나의 아이디어로 봐주셨으면 합니다.

챗GPT로
마인드맵하기

아이디어를 내는 도구는 다양합니다. 그중에 가장 많이 사용되는 도구 중 하나가 바로 마인드맵입니다. 핵심 주제로부터 방사형으로 세부 주제들을 펼쳐나가며 생각을 확산하고 정리하는 방법입니다.

G는 아이디어는 생성할 수 있지만 그림을 그리는 능력은 없습니다. 그래서 무료로 사용할 수 있는 마인드맵 도구를 연결해서 사용해 보겠습니다. 지금부터 사용할 도구는 마인드마이스터 (mindmeister.com)입니다.

마인드맵 생성을 도와주는 마인드마이스터의 메인 페이지 모습이다.

마인드마이스터에서는 세 개의 마인드맵까지 무료로 만들어 볼 수 있습니다.

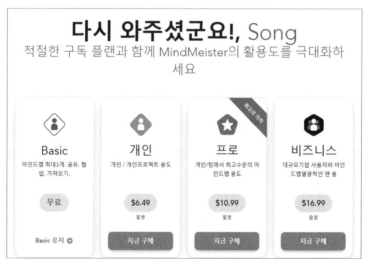

마인드마이스터에 가입을 하면 프로그램 사용 시 드는 비용을 안내하는 페이지가 나온다.

가입을 마쳤습니다. **G**로 마인드맵에 입력할 기본 아이디어들을 생성해 보겠습니다.

상품 키워드: 10세 미만의 아이들을 위한 화장품
성분: 100% 유기농, 식물성, 리사이클 용기

상품 키워드와 성분을 참고해서 15개의 창의적인 브랜드명과 제품 아이디어를 함께 제공해 주세요. 트리 구조로 써주세요.

좋습니다! 이것은 10세 미만의 아이들을 위한 화장품 키워드와 100% 유기농, 식물성, 리사이클 용기 성분에 대한 15개의 창의정인 브랜드명과 제품 아이디어입니다.

markdown	Copy code

○ Pure Sprouts

   - Organic Baby Oil

   - Natural Baby Lotion

   - Mineral Sunscreen

- Earthy Babe
  - Lavender Bubble Bath
  - Soothing Aloe Vera Gel
  - Moisturizing Body Cream

- Little Leaves
  - Baby Shampoo & Body Wash
  - Nourishing Hair Conditioner
  - Organic Sunscreen Lotion

- Green Buds
  - Natural Bubble Bath
  - Organic Baby Powder
  - Soothing Baby Wipes

- Sweet Seedlings
  - Calming Baby Oil
  - Gentle Baby Shampoo
  - Mineral-based Sunscreen Stick

- Nature's Little Helpers
  - Moisturizing Body Wash
  - Natural Body Butter
  - Cooling After-Sun Spray

- Happy Sprouts
  - Baby Shampoo & Conditioner
  - Soothing Diaper Cream
  - Organic Lip Balm

- Earth Babies
  - Gentle Hand Sanitizer
  - Natural Body Powder
  - Nourishing Hair Mask

- Pure Pals
  - Baby Lotion
  - Natural Bubble Bath
  - Organic Sunscreen Stick

- Green Sprouts
  - Gentle Baby Shampoo
  - Moisturizing Body Lotion
  - Soothing Aloe Vera Gel

- Tiny Treasures
  - Organic Sunscreen Lotion
  - Natural Body Powder
  - Organic Lip Balm

- Earth Angels
  - Calming Baby Wash
  - Soothing Baby Oil
  - Mineral-based Sunscreen Lotion

- Baby Blossom
  - Moisturizing Body Cream
  - Natural Bubble Bath
  - Nourishing Hair Conditioner

- Purely Kids
  - Baby Oil
  - Natural Body Wash
  - Mineral Sunscreen Lotion

- Eco Sprouts
  - Natural Bubble Bath
  - Organic Baby Powder
  - Gentle Hand Sanitizer

이렇게 생성한 아이디어는 메모장으로 옮겨 타이틀과 함께 텍스트 형식으로 저장하겠습니다.

제목 없음 - Windows 메모장

파일(F) 편집(E) 서식(O) 보기(V) 도움말(H)

10세 미만 아이들을 위한 화장품 아이디어

- Pure Sprouts
  - Organic Baby Oil
  - Natural Baby Lotion
  - Mineral Sunscreen

- Earthy Babe
  - Lavender Bubble Bath
  - Soothing Aloe Vera Gel
  - Moisturizing Body Cream

- Little Leaves
  - Baby Shampoo & Body Wash
  - Nourishing Hair Conditioner
  - Organic Sunscreen Lotion

- Green Buds
  - Natural Bubble Bath
  - Organic Baby Powder
  - Soothing Baby Wipes

- Sweet Seedlings

Ln 5, Col 24   100%   Windows (CRLF)   UTF-8

챗GPT를 통해 생성한 아이디어를 텍스트로 저장한다.

마인드 마이스터에서 '새 맵 만들기'를 클릭하고 저장한 텍스트 파일을 불러옵니다.

가져올 파일을 여기에 놓으세요

지원되는 형식:
MindMeister,MindManager,XMind,Freemind 및 일반 텍스트.

혹은 파일 찾기

마인드마이스터에서는 다양한 형식의 파일을 업로드할 수 있다.

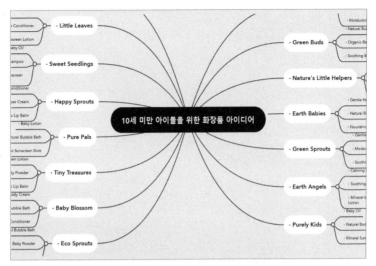

마인드마이스터에 텍스트 파일을 업로드해 생성한 마인드맵의 모습이다.

위와 같이 마인드맵이 생성되었습니다.

축하합니다! 이제 이 맵에서 각 항목을 누르고 아이디어를 더 확장할 수 있습니다.

이번 장에서는 G를 다양한 도구들과 연결해 사용하는 사례를 살펴보았습니다. 앞서 소개한 사례들을 따라해 보는 것도 어느 정도 도움이 되실 것입니다. 하지만 정말로 제가 바라는 것은 독자님이 실제 업무에 쓰고 있는 도구들과 G를 어떻게 연결해서 사용할 수 있을지에 대한 아이디어를 얻어 가시는 것입니다.

G를 다른 도구들과 연결해서 사용하는 것은 어찌 보면 오픈AI 사이트에 고립된 G를 울타리 밖으로 나오게 하는, 한계를 극복하는 방식이라고 생각합니다. 곧 독자님들의 다양한 사용 사례를 온라인에서 만나 볼 수 있길 기대하겠습니다.

DAY 7

실전 비즈니스
프롬프트 120+

이번 장에서 소개할 120개의 프롬프트 리스트는 제가 직접 결과 테스트를 마친 비즈니스 프롬프트들입니다. 활용하시기 편하게 업무 카테고리별로 구분해 보았습니다.

프롬프트를 사용하시기 전에 아래 내용을 반드시 읽어주세요.

1. 한글 프롬프트는 '프롬프트 지니' 크롬 확장앱을 사용하여 테스트했습니다. 직접 G에 한글로 입력해도 결과는 나오겠지만 결과물의 길이가 짧아지거나 출력 속도가 느려질 수 있음을 고려해 주세요.
2. 프롬프트의 카테고리 구분이 애매한 경우 유사한 프롬프트가 많은 카테고리로 분류했습니다.

3. 프롬프트 내에 '위 내용', '아래 내용' 등 맥락을 필요로 하는 경우에는 여러분이 직접 맥락을 입력해 주셔야 결과가 나옵니다.

4. 프롬프트 내의 출력 개수와 포맷은 원하는 대로 변경해 사용하시기 바랍니다.

5. 테스트를 마쳤지만 일부 프롬프트는 한 번에 원하는 결과가 나오지 않을 수 있습니다.그럴 경우 다시 시도해 보시거나 프롬프트 내용 중 일부를 수정해 사용해 보시기 바랍니다.

6. 특히 테이블 포맷 같은 경우 열 번 중 일고여덟 정도가 지정한 형식으로 나옵니다. 인내심을 가지고 여러 번 시도해 보시기 바랍니다.

Step 1

인사(HR)

나는 [UX 디자이너]입니다. 모의 인터뷰 질문 10개를 써주세요.

위 채용 공고를 보고 OOO포지션에 지원하는 아래 지원자를 위한 커버 레터를 써주세요. 경력과 포트폴리오에 대해서 긍정적으로 언급하세요.

위 내용을 참고하여 채용을 위한 직무 설명서를 써주세요.

위 직종을 채용하기 위한 면접 질문 리스트를 중요도 순서대로 만들어 주세요.

위 직무 설명서를 참고해서 채용 공고를 써주세요.

위 대화 내용을 보고 A와 B의 MBTI를 예측하여 알려주세요.

Write a script for a mock interview for UX designer.

Write a professional cover letter to [   ] for digital marketing manager. Mention creative work experience and technical skills, a MBA from UCLA, and leadership skills.

Act as a job interviewer for a position in UI design. I will be the candidate, and you will ask me the interview questions for the position. Write only one part of each turn (question/response), as the interviewer. Ask me the questions and wait for my answers. Let's begin.

Provide a list of questions for Job interview.

Step 2

세일즈 및 마케팅

위 제품에 대한 장점과 단점을 각 10개씩 써주세요.

위 제품에 대해 아래 설명을 참고하여 SWOT 분석을 해주세요.

위 제품에 대해 아래 내용을 참고하여 언론사 보도자료를 써주세요.

위 제품을 구매하는 잠재 고개의 페르소나를 만들어 주세요.

위 제품의 네이밍을 위한 브레인스토밍을 해주세요. 10개의 브랜드명을 제안해 주세요.

위 내용을 읽고 영어, 일본어, 스페인어로 각각 요약하여 써주세요.

위 내용을 참고하여 구매 문의 메일을 작성해 주세요.

위 회사 리스트를 산업별로 분류해 주세요.

위 데이터는 [   ]에 대한 내용입니다. 이 데이터를 분석해 [   ]에 대한 전망을 해주세요.

당신은 Warton MBA 출신 사업가입니다. 당신이 알고 있는 대표적인 비즈니스 프레임워크와 간략한 설명, 적용 분야를 포함하여 표 형식으로 써주세요.

위 리스트 중에서 경쟁 분석에 도움이 되는 프레임워크를 10가지만 추천해 동일한 양식의 표로 만들어 주세요.

테슬라에 대해 SWOT 분석을 해주세요.

위 SWOT 분석을 6Hats 프레임워크로 추가 분석해 주세요.

위 분석 결과를 토대로 4P 전략을 제안해 주세요.

고객 페르소나를 찾기 위하여 설문에 포함할 질문 목록을 제안해 주세요.

위 책에 대해서 미국의 출판 에이전시에게 보낼 제안 메일을 써주세요.

위 제품을 보고 세일즈 피칭 문구를 써주세요. 제품의 기능보다 고객의 혜택을 강조해 주세요.

MBTI 유형이 ENTP로 보이는 고객이 위 상황에서 어떤 말을 할지 적어 주세요.

의료기기 해외 바이어를 발굴하기 위하여 무료로 제품 홍보를 할 수 있는 사이트를 모두 알려주세요.

무슬림인 말레이시아 바이어가 한국을 방문합니다. 만찬을 위한 메인 한식 메뉴를 5가지 추천해 주세요.

위 일정과 루트로 CES에 참여합니다. 시간과 장소를 고려하여 디너 레스토랑을 추천해 주세요.

Step 3

콘텐츠 기획

[마케터를 위한 8시간, 총 4개의 코스로 이루어진 디지털 마케팅 부트 캠프 코스]를 아래 형식으로 작성해 주세요.

- [타이틀]
- [태그라인]
- [코스1]
  코스 내용 요약
  기대 효과

위 제품에 대한 블로그 포스트의 아우트라인을 만들어 주세요.

위 기사를 3줄로 간략히 요약해 주세요.

위 제품을 베트남에 홍보하기 위한 연간 콘텐츠 캘린더를 날짜, 콘텐츠 타이틀 구조로 작성해 주세요.

위 글을 읽고 구글 SEO를 위한 키워드와 메타 디스크립션을 써주세요.

카피라이팅

위 제품에 관한 페이스북 광고 카피를 아래 내용을 참고해서 써주세요.

위 제품에 대한 유튜브 영상 아이디어 10개를 아래 내용을 참고해서 만들어 주세요.

위 제품에 대한 인스타그램 캡션을 아래 내용을 참고해서 써주세요. 해시태그와 3~5개 정도의 적절한 이모지를 포함하여 써주세요.

위 제품에 대해 아래 설명을 참고하여 유튜브 광고 카피를 써주세요.

위 제품에 대해 아래 인플루언서에게 리뷰를 제안하는 메일을 써주세요.

아래 글을 전문적이고 논리적인 어조로 다시 써주세요.

아래 글을 PSA 구조로 설득력 있게 다시 써주세요.

위 블로그 글을 인스타그램 피드용 글로 써주세요.

위 신제품 출시 안내 메일을 밝고 긍정적인 어조로 써주세요.

헤드라인, 서브타이틀, 바디 문구, CTA 구조를 사용하여 아래 카페에 대한 광고 카피 3개를 써주세요.

아래 광고 카피에 긴박함을 추가해서 다시 써주세요.

위 내용을 고려하여 인스타그램, 틱톡, 페이스북, 유튜브 영상 제목을 Fun하게 써주세요.

위 제품에 대해 아래의 구조로 랜딩 페이지 카피를 써주세요.

위 OOO를 쉐프로, 제품을 음식으로 비유하여 이 프로젝트를 설명해 주세요.

Please write a list of 5 writing prompts related to the topic of [insert topic]. The prompts should be suitable for use in a [insert type of article] to be published in an [insert type of publication].

Write a FAQ about the above product description.

Create a 200 word outline for [   ] keyword with H2-H3-subheadings and bullet points.

Make a list of related and frequently asked questions for [   ] keyword.

Create 10 catchy article titles that include [   ] keyword.

Write an exciting 300 word email outreach email pitching guest post about [   ] while coming up with 5 catch titles.

Create a selling 2000-word product description for this - url.

Write a copy for hero section in landing page about the above product.

Write a instagram post about the book the four hour Work week following this format:

[Add a reason why someone who read this book]

Here is what you learn:
1) [Add a key takeaway from the book]
2) [Add a key takeaway from the book]
3) [Add a key takeaway from the book]

Step 5

아이디에이션

베트남 음식을 주제로 하는 10가지 액티비티 상품 아이디어를 제안해 주세요.

K-pop을 주제로 하는 월간 잡지에 들어갈 테마 10개를 제안해 주세요.

김치말이 국수로 미국 시장에 진출하려고 합니다. 가장 큰 식품 유통 채널 10개를 제안해 주세요.

한우 축제를 기획하려고 합니다. 축제에 더 많은 외국인들이 참여할 수 있는 이벤트 아이디어 10개를 제안해 주세요.

인공지능 교구 아이디어를 번호를 붙여 10개 써주세요.

위 아이디어에 아래의 조건을 반영하여 추가로 10개의 아이디어를 생성해 주세요.

위 3번 아이디어에 SCAMPER 기법을 사용하여 아이디어를 변경해 주세요.

위 2번 아이디어를 6Hats 기법을 활용하여 6가지 관점에서 의견을 주세요.

위 6Hats 결과를 참고하여 제품의 핵심 기능과 안전을 고려한 설계 아이디어를 상세하게 테이블 포맷으로 적어 주세요.

대한민국의 어린이 완구 안전 기준을 적용하여 제품 설계 방향을 설명해 주세요.

넷플릭스에서 볼 수 있는 인공지능과 관련된 영화 5개를 추천해 주세요.

스페인의 6월 제철 음식을 추천해 주세요.

위 재료로 4단계 코스 요리를 만들려고 합니다. 서빙 순서, 메뉴, 레시피, 조리 시간 형식으로 표를 만들어 주세요.

위 메뉴를 보고 페어링하면 좋은 와인의 품종을 추천해 주세요.

위 보고서를 받은 상관이 던질 만한 질문 리스트 10개를 써주세요.

팀 빌딩 워크샵을 위한 액티비티 아이디어 10가지를 써주세요.

Design a simple Keto diet menu.

Generate a idea for book about [   ].

Step 6

검색 엔진 최적화(SEO)

Create schema mark up for an blog about [   ] keyword.

Provide a list of SEO keywords for [   ].

Suggest the best keywords to use in bullet points for an article that target [ ] keyword.

Step 7

결과 포맷 지정

위 내용을 테이블 형식으로 다시 써주세요.

위 내용을 테이블 형식으로 다시 써주세요. 아래의 열 구조를 참고해 주세요.

위 글을 다 읽고 이해했으면 '오케이'라고 대답해 주세요.

위 내용을 트리 구조의 리스트 형식으로 다시 써주세요.

위 내용을 마크다운 형식으로 써주세요.

위 글에 내용과 관련된 이모지를 추가해 주세요.

위 내용을 읽고 이해했으면 ✔로 대답해 주세요.

이 제품 시안을 Generative AI Design 도구인 미드저니로 디자인하기 위한 프롬프트를 써주세요.

위 코드를 읽고 한 줄씩 쉬운 한글로 주석을 달아 주세요.

Summarize this into a purchase list.

Add an extra column. In the new column, insert an emoji symbolizing the movie.

Convert the table to CSV.

Convert it to python code.

Respond in Markdown using the format.

Step 8

제품 기획

위 제품의 추가 라인을 개발하려고 합니다. 추가 제품 아이디어를 제안해 주세요.

위 주제에 대한 제품 아이디어를 아래의 내용을 참고해서 제안해 주세요.

제품명:

제품 설명:

당신은 20년 경력의 카피라이터입니다. 위 제품에 대해 아래의 구조와 설명에 따라 마케팅 카피를 써주세요.

1. 제품명 :

2. 태그라인 :

3. 타깃 고객 :

   1) 핵심 타깃 그룹 :

   2) 서브 타깃 그룹 :

4. 핵심 고객 페르소나 :

  - 고객의 나이

   - 성별

   - 직업

   - 사는 지역

   - 취미

   - 관심사

   - 인생관

   - 구매 성향

   - Needs & Wants: 고객의 가장 큰 Needs 5가지와 고객의 Wants 5 가지를 적어주세요.

5. 마케팅 카피: 고객의 페르소나를 참고해서 300자 이내로 적어주세요.

6. 소셜 미디어 인스타그램 포스팅 캡션을 각 3개 써주세요.

7. 유튜브 캠페인 영상 아이디어를 3개 써주세요.

위 콘셉트를 활용하여 제품명을 제안하고 설명을 써주세요.

아랍에미리트에서 한식당을 개업할 때 고려해야 할 체크 리스트를 써주세요.

위 서비스를 앱으로 만들고 싶습니다. 앱에 들어가야 할 기능 명세를 써주세요.

글쓰기 일반

위 내용을 200자 이내로 요약해 주세요.

당신은 유치원 선생님입니다. 위 내용을 어린이들에게 눈을 맞추고 이야기하듯 가장 쉬운 구어체로 다시 써주세요.

위 내용을 영어로 번역해 주세요.

위 내용을 두 배 더 길게 써주세요.

위 내용을 HTML로 변환해 주세요.

위 제품에 대한 소개 글을 써주세요.

위 메일을 읽고 아래를 참고하여 답변 메일을 써주세요.

위 내용을 읽고 핵심 키워드를 추출해 주세요.

책 [   ]에 대한 500자 이내의 소개 글을 써주세요.

위 카피를 영어, 중국어, 일본어, 베트남어로 번역해 주세요. [언어] - [번역 내용] 형식으로 써주세요.

위 요약 글을 아래 보고서 형식으로 써주세요.

위 글의 형식과 내용을 살피고 이런 결과를 얻기 위해 사용자가 당신에게 입력했던 프롬프트를 추측하여 써주세요.

위 기업의 직원 복지 제도와 아래 자사의 복지 제도를 비교해 주세요. 자사의 복지 정책에서 추가를 고려할 사항을 리스트로 만들어 주세요.

Generate ideas for expanding upon this paragraph: [   ]

Write a essay comparing and contrasting coaching with therapy.

Write a positive comment about the above report.

Write a follow-up emails to the above.

Translate the above article into Korean.

Act as Steve jobs, write a honest feedback about above idea.

Step 10

나만의 실무 프롬프트 만들기

프롬프트를 작성하는 데에 어느 정도 익숙해지셨나요? 그렇다면 다음 도전 과제는 '나만의 실무 프롬프트' 템플릿을 만드는 것입니다. 실무 프롬프트를 만드는 가장 쉽고 빠른 방법은 기존에 있는 프레임워크를 활용하는 것입니다.

지금부터 소개할 내용은 이미 존재하는 프레임워크를 이용하여 나만의 프롬프트를 만드는 방법입니다. 널리 알려져 있는 비즈니스 프레임워크를 사용하기 때문에 G가 잘 알아듣고, 결과도 매끈하게 잘 나옵니다.

10-1 SWOT 분석 활용 프롬프트

[제품명] 아마존 인공지능 스피커

[업무 요청 사항]
당신은 와튼 스쿨 MBA 출신의 20년차 경영 컨설턴트입니다. 당신은 비즈니스 모델 설계와 분석 전문가로 활동합니다. 위 제품에 대하여 아래 형식으로 SWOT 비즈니스 모델을 분석해 주세요.

[결과 형식]
- SWOT 분석 결과로 만들어 주세요.
- 먼저 SWOT 분석이 무엇인지 간략한 설명을 해주세요.
- 강점(S), 약점(W), 기회(O), 위협(T)으로 제목을 써주시고, 그 아래 행에 분석한 내용을 최대 5개를 번호를 매겨 써주세요. 그 아래에 SO, ST, WO, WT 액션 플랜을 써주세요.

- 프로젝트명
  [SWOT 분석이란]

  [분석 결과]

  ✔ 강점

1.

2.

3.

4.

5.

[SO]

[ST]

[WO]

[WT]

10-2 PEST 분석 활용 프롬프트

[프로젝트명] 파타고니아 재생 섬유 양말 기획

[업무 요청 사항]
당신은 와튼 스쿨 MBA 출신의 20년차 경영 컨설턴트입니다. 당신은 비즈니스 모델 설계와 분석 전문가로 활동합니다. 위 프로젝트에 대하여 비즈니스 모델을 분석해 주세요. 위 비즈니스에 대한 PEST 분석 결과를 표 형식으로 만들어 주세요. 총 4개의 섹션으로 구분됩니다. 아래의 구조와 텍스트 포맷을 이용해 주세요.

1. [분석 요약] 50자 이내의 분석 요약 내용.
2. [PEST 분석이란] 분석에 대한 간략한 설명.
3. [분석결과] 4가지 요인에 대한 분석 결과를 각 항목 당 300자 이내의 리스트 형식으로 써주세요.
4. [액션 플랜] 위 분석 내용으로 회사가 해야 할 일 목록을 써주세요.

[포맷]
• 프로젝트명:

[분석 결과]
✔ Political Analysis

10-3 포터의 5 Force 분석 활용 프롬프트

[프로젝트명] 인공지능과 센서를 이용하여 교체 시기를 알려주는 어린이 기저귀

[업무 요청 사항]
당신은 와튼 스쿨 MBA 출신의 20년차 경영 컨설턴트입니다. 당신은 비즈니스 모델 설계와 분석 전문가로 활동합니다. 위 프로젝트를 포터의 5 Force 모델 분석 결과를 이용해 분석해 주세요. 총 5개 요인으로 섹션이 구분됩니다. 아래의 구조와 텍스트 포맷을 이용해 주세요.

[분석 요약] 50자 이내의 분석 요약 내용.
[포터의 5 Force 모델이란] 분석에 대한 간략한 설명.
[분석 결과] 5가지 요인에 대한 분석 결과를 각 항목 당 300자 이내의 리스트 형식으로 써주세요.
[액션 플랜] 위 분석 내용으로 전략을 쓰고 회사의 액션 플랜을 추가해 주세요.

[포맷]
• 프로젝트명

[분석]
✔ 요인 1: 설명

✔ 요인 2: 설명
✔ 요인 3: 설명
✔ 요인 4: 설명
✔ 요인 5: 설명

10-4 강의 및 세미나 아우트라인 잡기

주제: 직장인을 위한 영어 발음 교정 워크샵
대상: 영어 발음을 개선하고 싶은 직장인
기간: 주말 4시간

[업무 요청 사항]
당신은 교육공학을 전공한 강의 과정 설계 전문가입니다. 위 주제에 대해 강의 계획을 만들어주세요.

대상을 고려하여 흥미로운 과정명, 총 소요 시간, 목표, 자료, 과정 설명, 세부 프로그램과 소요 시간, 실습 및 퀴즈 형태의 평가, 수업 외 액티비티, 액티비티를 위한 준비물을 제안해 주세요. 아래 결과 형식 예시를 따라 주세요.

[결과 형식]
• 과정명/총 소요 시간
  [   ]

10-5 고객 페르소나 설계

제품명: 테슬라
제품 설명: 사이버 트럭

[업무 요청 사항]
당신은 소비자행동심리학을 전공한 20년차 소비재 전문 경영 컨설턴트입니다. 당신은 페르소나와 분석 전문가로 활동합니다.

위 제품에 대하여 잠재 구매자 프로필에 대한 자세한 설명을 아래의 표 형식으로 작성해 주세요.

• 요약 설명:

• 페르소나
  1. 인구 통계
  2. 직업
  3. 관심사
  4. 좋아하는 책
  5. 가치관
  6. 구매 동기
  7. 구매 채널을 포함한 프로세스

지금까지 300쪽 이상의 지면을 사용하며 신입사원 G와 함께 일하는 법에 대해 살펴보았습니다. G와 조금 친해지셨나요?

제가 알고 있는 모든 것을 최대한 쉽게 전달하려고 노력했지만, 독자님의 직종이나 G사용 목적에 따라 제가 정리해 드린 프롬프트가 부족한 경우도 있으실 겁니다. 어디까지나 제가 제시한 프롬프트는 예제라는 것을 잊지 말아주세요. 직접 실험해 보시고, 자신에게 꼭 맞는 형식으로 변형하여 사용해 보시기 바랍니다. 몇 차례 연습을 하고 나면 원하는 결과를 얻기 위해서 어떤 형식으로 프롬프트를 써야 할지 느낌이 오실 겁니다.

잊지 마세요. 체험이 최고의 스승입니다!

큐알코드를 스캔하시면 나만의 실무 프롬프트 만들기에 대한 영상을 보실 수 있습니다.

아웃트로

질문의 시대: 프롬프트 이코노미

생성 AI 분야의 막내, 챗GPT는 2022년 말에 데뷔했습니다. 한 달 만에 사용자 수로 다른 AI 선배들을 제치더니 3개월 연속 인기 차트 1위를 달리고 있습니다. 글쓰기는 물론이고 작곡도 합니다. 심지어 변호사, 의사 시험까지 재미 삼아 패스해 버렸습니다.

이런 놀라운 실력을 찬양하는 이들도 있지만 그 이면의 부작용을 걱정하며 비판하는 이들도 있습니다. 인공지능을 통제하지 못하면 어마어마한 재앙이 올 거라는 경고도 빠지지 않습니다. 인공지능에 대한 세상의 우려를 의식한 듯 오픈 AI의 수장 샘 알트만은 지난 2월, 인상을 찌푸린 사람들을 이렇게 다독였습니다.

"우리의 비전은 인간보다 똑똑한 범용 인공지능의 혜택을 모든 인류가 누리게 하는 것입니다."

샘 알트만은 AI가 인간을 대체하는 것이 아니라 인류와 공생할 것임을 강조했습니다. 인공지능이 대부분의 일에서 인간보다 똑똑해지는 것은 시간문제입니다. 두려워할 것은 우리보다 더 똑똑해지는 인공지능이 아닙니다. '똑똑하지 않아도 잘 사는 방법'을 모르는 우리입니다.

인공지능이 열어준 프롬프트 이코노미

우리의 교육은 이제껏 효율적 인재를 키우는 데 집중해 왔습니다. 같은 시간에 더 많은 일을 하는 사람이 효율적입니다. 과거의 인재들은 세상이 원하는 효율적인 쓸모에 응답하며 살았습니다. 샘 알트만의 비전처럼 모든 인류가 인공지능의 혜택을 누린다는 것은, 수천 년간 인간을 평가하던 '효율'이라는 잣대를 인공지능에게 완전히 양도한다는 말과도 같습니다.

효율로 제품의 가격이 매겨지고 사람의 연봉이 결정되던 시대는 저물어 갑니다. 더 빨리 결과를 내는 효율의 가치는 점차 '0'에 수렴하게 될 것입니다. 더 빠르게 잘 만들면 장인이 되고 전문가가 되던 세상은 이제 막이 내립니다.

그럼 사람은 무엇을 해야 할까요?

저는 '질문하는 일'이라고 생각합니다. 응답의 시대는 저물고 질문의 시대가 오고 있습니다. 좋은 질문은 새로운 생각을 자극합니다. 소크라테스의 산파술, 유대인들의 하브루타 대화법은 좋은 질문이 어떻게 창의성을 끌어내는지 잘 보여줍니다.

챗GPT의 인기로 인류가 쉼 없이 질문(프롬프트)을 고민하기 시작했습니다. 응답하며 살기 바빴던 인류에게 좋은 질문을 구성하는 일은 무척 어렵습니다. 하지만 이제는 좋은 질문을 찾고 또 수집합니다. 심지어 질문을 사고팔기도 합니다. 가치 있는 프롬프트에 가격을 매기고 거래하는 프롬프트 이코노미입니다.

질문의 시대가 왔습니다.

네, 질문의 시대가 이미 왔습니다. 현대 사회에서는 인터넷과 모바일 기술 등을 통해 대부분의 정보가 쉽게 접근 가능하고, 이러한 정보 중에서 진실성과 유용성을 판단하기 위해서는 많은 질문과 검증이 필요합니다. 따라서 지식을 습득하고 이해하는 데에 있어서는 질문이 매우 중요한 역할을 합니다.

또한, 현대 사회에서는 창의성과 혁신이 중요한 가치로 인식되어, 새로운 아이디어를 생각해내기 위해서는 질문을 통해 새로운 관점을 제시하고, 문제를 해결하는 방법을 찾아내는 것이 필수적입니다.

더불어, 질문은 대화와 소통에서도 중요한 역할을 합니다. 좋은 질문을 통해 상대방의 생각과 의견을 이해하고, 대화를 더욱 흥미롭게 만들 수 있습니다.

따라서, 질문의 시대는 정보와 지식의 폭발적인 증가와 함께 지식 습득과 문제 해결에 대한 새로운 접근 방법으로 인식되며, 지식을 습득하고 발전시키기 위해서는 질문을 중요하게 생각하는 것이 필수적입니다.

응답의 시대에서 질문의 시대로

우리는 인공지능으로부터 지식과 정보를 얻기 위한 프롬프트 뿐만 아니라 사람에게 지혜를 얻는 프롬프트, 더 나아가 마음을 얻는 프롬프트까지 갖춰야 합니다. 질문의 시대에서는 질문이 자본이 되고 힘이 됩니다.

이 책에서 소개한 내용도 마찬가지입니다. 저는 챗GPT라는 인공지능 제품을 실용적으로 이용하는 방법을 소개했습니다. 하지만 결국 독자님이 가고자 하는 목표는 독자님이 결정해야 합니다. 그 길로 가게 해주는 프롬프트는 이 책에서 아이디어를 얻을 뿐, 직접 만들어서 쓰셔야 합니다.

중요한 것은 결국 사람입니다. 인공지능이 인류의 모든 문제를 해결해 줄 수는 없고, 앞으로도 그런 날은 오지 않을 것입니다. 특히 인공지능이 생산한 콘텐츠를 맹신해선 안 됩니다. 앞서 여러 프롬프트와 답변을 소개하면서 모든 것이 완벽한 콘텐츠는 생산되지 않는다는 것을 강조했습니다. 인공지능을 활용하여 얻은 결과는 반드시 팩트 체크를 하고 사용하셔야 합니다.

반어적으로 들리시겠지만, 이 책으로 달성하고 싶은 목표는 이 책을 읽은 독자님들에게 이 책이 필요 없게 도움을 드리는 겁니다. 빠른 실험과 시행착오를 통해 자신만의 프롬프트 스타일과 사용 프로세스를 만드시길 바랍니다. 《챗GPT 사용설명서》가 응답의 시대에서 질문의 시대로 건너가는 데 조금이나마 도움이 되는 책이길 빕니다. 그리고 이 책을 냄비 받침이나 택배 완충제로 쓰고 있다는 독자님들의 사연을 듣고 싶습니다.

마지막 질문을 끝으로 인사드리겠습니다.
"오늘 어떤 좋은 질문을 하셨나요?"